健康运动科学

[日] 柴田真志 高见和至 寺田恭子 富坚健二 / 著
[日] 鵜木秀夫 / 主编
苏日塔拉图 孔振兴 萨日娜 / 主译
张一民 李红娟 张 涛 / 译审

北京体育大学出版社

策划编辑： 王英峰
责任编辑： 孙　静
责任校对： 邓琳娜
版式设计： 久书鑫

北京市版权局著作权合同登记号：01-2022-5296

图书在版编目（CIP）数据

健康运动科学 /（日）柴田真志等著 ；苏日塔拉图，孔振兴，萨日娜主译. -- 北京 ：北京体育大学出版社，2022.9
ISBN 978-7-5644-3635-3

Ⅰ. ①健… Ⅱ. ①柴… ②苏… ③孔… ④萨… Ⅲ. ①健身运动 Ⅳ. ①G883

中国版本图书馆 CIP 数据核字(2022)第 047580 号

健康运动科学　　［日］柴田真志 高见和至 寺田恭子 富坚健二　著
苏日塔拉图 孔振兴 萨日娜　主译
JIANKANG YUNDONG KEXUE

出版发行： 北京体育大学出版社
地　　址： 北京市海淀区农大南路 1 号院 2 号楼 2 层办公 B-212
邮　　编： 100084
网　　址： http://cbs.bsu.edu.cn
发 行 部： 010-62989320
邮 购 部： 北京体育大学出版社读者服务部 010-62989432
印　　刷： 唐山玺诚印务有限公司
开　　本： 710mm×1000mm　1/16
成品尺寸： 170mm×240mm
印　　张： 13.75
字　　数： 244 千字
版　　次： 2022 年 9 月第 1 版
印　　次： 2022 年 9 月第 1 次印刷
定　　价： 98.00 元

译者名单

主　译：苏日塔拉图　孔振兴　萨日娜

译　审：张一民　　　李红娟　张　涛

译　者：（以姓氏笔画为序）

于晶晶　王　磊　乌云格日勒

包巴图　包金海　孙婷婷

闫智惠　贾　潇　曹玉晗

德力格尔

F 序言 oreword

《健康运动科学》是为了让体育教育、运动训练和运动人体科学专业大学三、四年级学生及研究生能够顺利进入专业课程学习，对运动科学专业基础知识梳理编写成的简单易懂的“教科书”。

有不少学生由于喜欢体育而进入大学体育相关专业学习，然而因为高中时期的知识积累不足，入学后对于大学课程感到难以理解，于是便放弃“梦想”。本科、研究生的专业课程，不仅包含了运动解剖、运动生理，还涉及生物、物理等人类生命活动的相关知识，需要有广泛的基础知识积累。本教科书是一本旨在使学生在本科或研究生期间掌握健康和运动相关知识，让学生不至于放弃“梦想”，并积极地投入学习当中，而编写的便于学生学习的基础性教科书。

习近平总书记指出：“没有全民健康，就没有全面小康。”当前，我国综合国力不断增强，人均 GDP 不断提高，人民生活更加殷实。但是，经济发展并不必然带来人民健康水平的提升。《“健康中国 2030”规划纲要》明确提出，发布体育健身活动指南，建立完善针对不同人群、不同环境、不同身体状况的运动处方库，推动形成体医结合的疾病管理与健康服务模式，发挥全民科学健身在健康促进、慢性病预防和康复等方面的积极作用。

辅助人类健康生活的专家掌握以科学事实为基础的知识与经验是必要的。我们也期待着体育教育、运动训练和运动人体科学专业的学生将来能够成为各个领域的专家，为实现“健康中国”做出巨大贡献。

此外，中国选手在奥运会、残奥会和世界杯上的出色表现给予我们梦想、希望与感动，同时世界著名选手的教练为了帮助他们提高竞技能力，不断探究健康运动科学的最新知识。随着科学技术的进步，此前不被了解的惊人事实也逐渐清晰，很多训练与指导方法也已发生了完全的改变。

《健康运动科学》集中探讨自然科学领域相关知识，为了增添趣味性，书中配备了丰富的图表，还设置了“本章重点”“知道了会很有用！”“练习题”等板块以供参考及巩固、拓展知识。

《健康运动科学》对于体育教育、运动训练和运动人体科学等专业的学生及以取得相关职业证书为目标的人士都广泛适用。希望未来资质优异的专业人士，能以从本书中学到的知识为基础，在健康运动领域取得突出的成就。

胡　扬
北京体育大学
2020 年 11 月 11 日

P 前言
reface

随着社会环境的变化，人们的行为也发生了改变，不少人出现了现代社会所特有的健康问题。健康问题由于年龄、性别的不同而多样化，而且各种复杂的因素相互交织，不容易解决。生活习惯病是现代社会的常见健康问题之一。2005 年，日本厚生劳动省提出了“一是运动，二是合理饮食、禁烟，最后才是吃药”的口号，运动被视为最重要的生活习惯病预防手段被不断推广。2011 年公布的“21 世纪国民健康促进运动”（简称“健康日本 21”）的最终评价并没有取得预期的效果。

在这样的社会背景下，我感到了构建“以营造健康为目的的运动科学”的必要性，因此“浅知短才”的我承担了本书的编写工作。我以健康教育学、运动流行病学、运动生理学、成长发育学、运动心理学、残疾人体育科学等为视角，在运动学的基础上选取了必要的内容，编写本书作为健康和运动科学的入门书。对于今后从事运动事业指导的人士而言，拥有以科学依据为基础的适当的知识，以及指导现场工作的应用能力及实践能力，会变得越来越重要。目前，日本的老龄化正在以史无前例的速度加剧，为了使超高龄社会健康而又有活力地发展下去，今后运动指导者的作用和责任也一定会越来越重大。我真心希望本书能帮助到那些为了健康而学习如何运动的年轻人。

运动是强身健体的有效手段之一，但只靠运动并不能保持健康。相对而言，本书对由营养不良和运动所导致的健康问题的预防、医疗指导等这些以保持健康为目标的运动科学部分介绍不足。对于那些未能得到充分介绍的部分，读者如果能参考其他相关资料进行深入理解的话，那就更好了。

本书得到了柴田真志老师（兵库县立大学）的大力支持，他承担了多章的编写工作，因此我想借此机会向他表示感谢。另外，本书在出版之际，也得到了化学同人编辑部的山本富士子女士的倾力相助。作为本书主要作者，我向他们表示深深的感谢。

鵜木秀夫

2012 年 11 月

目录
Contents

第一章　健康的概念

本章重点：

※了解健康概念的变迁，即从认为不生病就是健康的时代，转变至身体健康、精神健康和社会适应的完满状态的健康概念。

※学习自《世界卫生组织宪章》制定之后出现的关于健康概念的各种讨论。

※了解健康体检、体质测试及定期自我观察等评估个人健康状况的方法。

※了解用死亡率、寿命表、发病率、患病率等公共卫生学的指标评估人群健康状况。

※学习自古以来备受关注的健康与体质的关联性问题，特别是与全身耐力、肌肉力量、肌肉耐力、柔韧性、平衡能力、身体成分之间的深刻关系。

维持并促进健康是人类的共同愿望。对于健康运动科学（体育医学）的学习者，经常思考“健康”一词的意义与概念，并根据对象和状况的不同进行区分说明是至关重要的。此外，根据不同测评工具评估对象的健康状况，客观、具体地说明体质和健康之间的关联性，是人们健康行为强化的重要技能。

本章将聚焦健康概念的历史变迁，并对个人与人群健康状况评估方法、体质和健康的关联性进行说明。

一、健康概念的变迁

（一）自古至 20 世纪初的健康观

对健康概念的认识，由于各国的历史文化背景及社会形势、个人价值观的差异而有所区别。古埃及时代主要将健康问题看作是由自然和神所决定，疾病的康复也多依赖于宗教仪式和巫术等。随后，古希腊时代以希波克拉底为首，从科学角度提出了适当改善生活环境以康复疾病、保持健康的看法。10 世纪左右，health（健康）一词的词源“hoelth”开始使用，表示“身体健全性”。

文艺复兴以后，伴随着近代科学的发展，以自然科学为中心的医学也取得了突飞猛进的发展，对疾病的预防和康复做出了巨大贡献。比如运用物理学方法发明的显微镜发现了鼠疫和霍乱的病原菌，科学家运用化学方法研制而成各种各样的药剂，从而减少了瘟疫。

希波克拉底（公元前 460～公元前 370 年）
古希腊医学家（医学之父）

科学和技术的发展使以前无法治愈的患者得到解救，延长了寿命，但 20 世纪初期以前这一阶段总体上“病”比“人”更受重视，即以身体和疾病为中心定义健康的时代。在这个时代，身体没有疾病就被视为健康，但整体上仅从身体层面考虑健康是非常不充分的，因此提出全新的、综合性的“健康”概念是必要的。

（二）世界卫生组织（WHO）对健康的定义

在这种时代背景下，WHO 于 1946 年倡导制定了《世界卫生组织宪章》。该宪章中提到，“健康不仅是指没有疾病或不虚弱，而是指人的生理、心理和社会适应的完好状态”，其特征是将健康的概念从以前以身体为中心的个人问题转换为包含了生理、心理、社会适应性的重要问题。

此外，WHO 宪章中还明确记载了“享有可能获得的最高标准的健康是每个人的基本权利之一，不因种族、宗教、政治信仰、经济及社会条件而有所区别”，这得到了多个国家和社会的认同。日本虽然也在宪法第 25 条（全体国民都享有健康与文化的最低限度的生活权利）里有生存权的明文规定，但 WHO 宪章中更进一步地将享受最高标准健康的“健康权”视为基本人权的这一举措是划时代的。WHO 宪章制定以前，“健康=无病”，健康和疾病被分为互相对立的两部分来看待，这种看法目前仍得到一部分人支持。但是从 WHO 宪章的“健康不仅仅是单纯的不生病或不虚弱”观点考虑，健康状态至疾病状态是一个连续的谱带（图 1.1）。因此积极健康（Positive health）概念和健康水平等看法进一步产生。另一方面，

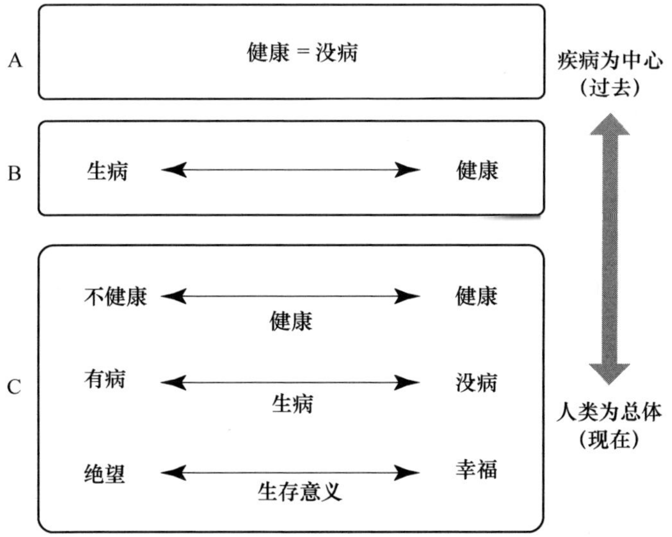

图 1.1 健康概念的变迁

由于健康和疾病为一体的模型不足以解释“有身体疾病但仍然能幸福生活”以及“身体有残疾就不能说健康吗”等问题，因此健康和疾病开始被置入不同维度，从不同角度加以考虑健康，增加了生存意义等满足感模型（图 1.1）。根据这种模型我们可以判断，即使有疾病、身体有缺陷，但生存满足感越高的人，其健康度也越高。

（三）WHO 宪章提出后关于健康概念的发展

1. 阿拉木图宣言

WHO 宪章提出以后，伴随着科学的进步，医疗技术也有了突飞猛进的发展。其结果是，随着新药的开发，传染病患者急剧减少，人类寿命大大延长。可是，受到这一恩惠的仍然只是以欧美为中心的发达国家；在发展中国家，疾病的患病率、传染病的死亡率及儿童死亡率等仍然很高。

因此，在 1978 年，世界卫生组织在苏联的阿拉木图召开了关于初级卫生保健（Primary Health Care）的国际会议，强调当前迫切需要采取措施以保持并促进全世界人类健康。会议发表了《阿拉木图宣言》，其目标是“到公元 2000 年保障人人享有健康（Health for All）”。

2. 渥太华宪章

相对于《阿拉木图宣言》只针对发展中国家，1986 年世界卫生组织在加拿大渥太华提出了以发达国家为对象的《渥太华宪章》。该宪章认为“健康是日常生活的资源，而不是生活的目标”，强调了最大限度应用该资源的意义。此外，为了达成《阿拉木图宣言》里提出的“Health for All”，《渥太华宪章》提出应在全世界范围内开展保持并改善个人健康的健康促进活动（Health Promotion）（图 1.2）。为开展该活动，制定关于健康的公共政策、创造健康的环境、加强社区活动、共享个人健康数据、调整医疗保险（健康服务）方向等显得尤为重要。

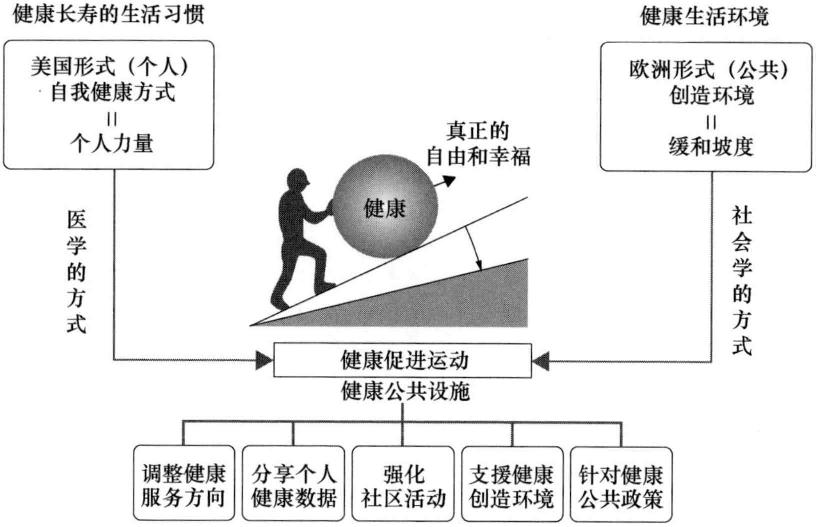

图 1.2　健康促进运动的概念图

资料来源：http://www.jshp.net/HP_kaisetu/kaisetu_head.html 岛内宪夫（1987），岛内宪夫、铃木美奈子（2011）修改。

二、健康状况的评估方法

（一）关于个人健康状况的评估方法

1. 特定健康体检、特定保健指导

健康体检就是通过医疗问诊并结合各种检查结果对健康状况进行评估，其作用是维持个人身体健康，预防并在早期发现疾病。日本《劳动安全卫生法》规定劳动者定期进行体检是一项义务，但也有一般体格检查（General Physical Examination）等这种自愿进行的体检。法律规定的劳动者体检项目如表 1.1 所示。

表 1.1 日本《劳动安全卫生法》规定的健康诊断的内容

问诊	吸烟史和服药史	○
	身体测量 （身高）	●1
	（体重）	○
		●1
	（腰围）	○
	视力	○
	听力	○
	检查有无自我察觉症状和他人察觉症状	○
	血压	
胸部 X 线检查		○
咳痰检查		□1
贫血检查	血红蛋白	●2
	红细胞数量	●2
肝功能检查	谷草转氨酶（GOT）	●2
	谷丙转氨酶（GPT）	●2
	γ-谷氨酰转肽酶（γ-GTP）	●2

血脂检查	甘油三酯	●2
	高密度脂蛋白胆固醇（HDL-C）	●2
	低密度总脂蛋白固醇（LDL-C）	●2
血糖检查	空腹血糖	●2
	糖化血红蛋白 A1c（HbAlC）	（□2）
尿检	蛋白	○
	糖	○
心电图检查		●2

○：必需项目

□1：医生的判断，可以省略

□2：代替血糖可用糖化血红蛋白 A1c

●1：20 岁以上可以省略

●2：未满 40 岁可以省略

2008 年为了应对代谢综合征，对加入了公共医疗保险的 40～74 岁年龄层群体开始实行特定健康体检—特定保健指导（代谢综合征体检）制度（图 1.3）。该制度规定，根据腰围或体重指数（Body Mass Index，BMI）的数值及追加风险值（高血糖、血脂异常、高血压、吸烟史）对健康状况进行评估，有“信息提供”“动机支援”“积极支援”等三个阶段改变指导的水平。

2. 体质测试，运动负荷试验

如下所述，由于个人体质与健康状况有着密切联系，因此可通过体质测试来评估健康状况。日本文部科学省统一规定的用于体质测定的“新体质测试”，相较于关注个人健康，更主要的是用于了解国家（人群）的体质—运动能力的现状以及不同历史时期人群的体质与运动能力的变化。

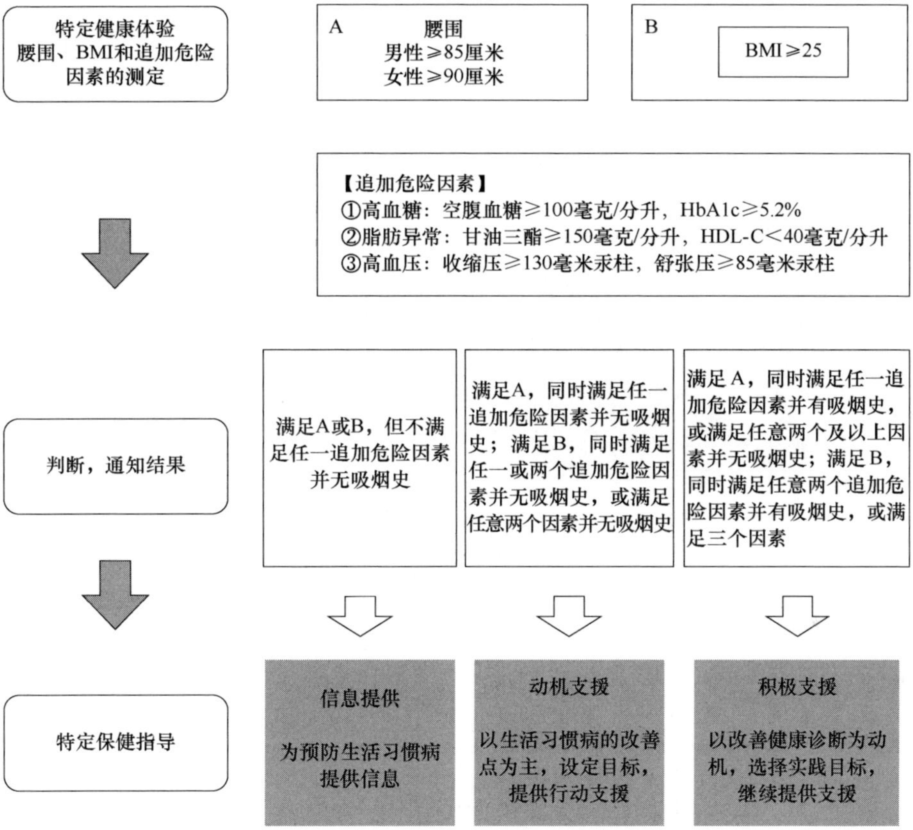

图 1.3 特定健康体检—特定保健指导

资料来源：厚生劳动省（2007），“关于标准的健康体检、保健指导流程（修订版）”

另一方面，在生活方式病高发的美国，肯尼斯 • H. 库珀（Kenneth H. Cooper）于 1968 年介绍了有氧能力（Aerobics）（有氧运动能力、全身耐力）对健康的有效性，而关于健康体质的评估方法也开始运用。作为全身耐力的评估方法，递增运动负荷试验被广泛应用，试验使用功率自行车或跑步机进行逐级递增负荷运动，负荷逐渐增大时记录心率、摄氧量及自觉疲劳程度（RPE）（图 1.4），从而测得最大摄氧量（$\dot{V}O_2\,max$）。

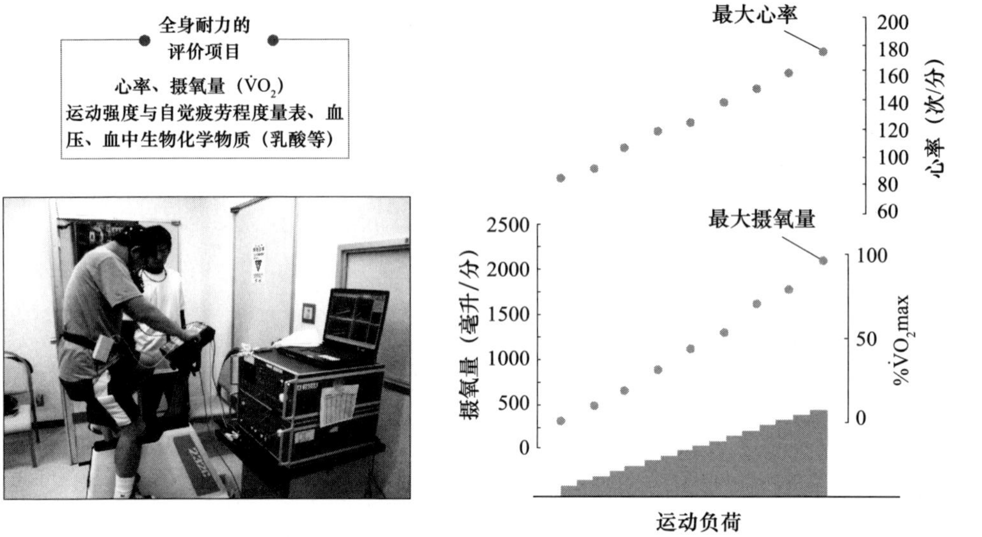

图 1.4　采用功率自行车递增负荷运动试验模拟图

知道了会很有用！

递增负荷运动试验的种类

评价全身耐力的递增负荷试验分为极量运动试验和次极量运动试验。

对于年轻且体力较强的对象，可以在考虑安全的同时进行极量运动试验。对于中老年人和低体力者，最好采用次极量运动测试。功率自行车的 PWC170 测试和布鲁斯跑台试验都是有名的递增负荷运动试验的方法。

3. 自我健康状况评估

现在可以实现不通过特殊器械或方法由他人进行健康判断，而是通过个人自评掌握自身健康状况、感受其稳定和变化。比如通过定期记录体重（体脂），测量血压、脉搏，记录步数、膳食摄入量和膳食结构（包括酒精），记录起床、睡觉时间，记录压力的程度、吸烟量等方法可较为容易地掌握自身健康状况。

这种个人观察自身的健康状况和行为的做法被称为“自我监测（Self-Monitoring）”。个人通过自我监测了解身体健康状况和行为之间的关联，并在健康状态发生变化时及时对自身行为进行纠正。普及对个体的健康管理对每个人来说都至关重要。

> 知道了会很有用！
>
> **计步器**
>
> 用于评价身体活动量的计步器，在被开发时只能检测到 1 轴方向的运动。由于计步器位置的不稳定性，无法精确测量得到准确数据。最近开发的内含加速度计的计步器，可以检测 2 轴（上下、前后）和 3 轴方向（上下、前后和左右）的运动，即使在包里或口袋中也能以高精度测量步数和能量消耗。

（二）人群健康状况的评估方法

掌握人群的健康状况意味着要从地域上（国内外）进行健康度比较，从不同时代考察健康度的变迁，以及从不同性别和年龄段进行健康度的比较，这样才有其意义。此外，这些指标还可以用于指导对国民和当地（地域或地区）居民的医疗决策，使健康促进活动得以有效进行。以人群健康状况为研究对象的公共卫生学里常用的健康状况评估方法有如下几种：

1. 死亡率

通常表示 1 年内，每 100 000 人（或者 1 000 人）中的死亡人数。从不同的死亡原因来看，包括不同死因死亡率；从不同生存年龄阶段来看，包括新生儿死亡率（出生后 1 个月内）、成人死亡率（16～59 岁）等。2010 年 WHO 对其 193 个成员国进行了死亡率的比较，发现新生儿死亡率和成人死亡率最高的国家是索马里、津巴布韦（每年每 1 000 人中，分别有 61 人和 772 人死亡）。日本新生儿死亡率和成人死亡率的排序分别是第 189 位和第 183 位（每 1 000 人中，分别有 1 人和 65 人死亡）。

由此可知，从不同国家死亡率来看，日本的人群健康度在世界上是名列前茅的。由于不同年龄段的死亡率也有所不同，因此比较不同年龄段人群的死亡率并长期观察某个年龄段人群的死亡率以进行年龄补正（年龄调整死亡率）是很有必要的。图 1.5 显示了主要几个死亡原因方面年龄调整死亡率的推移变化。

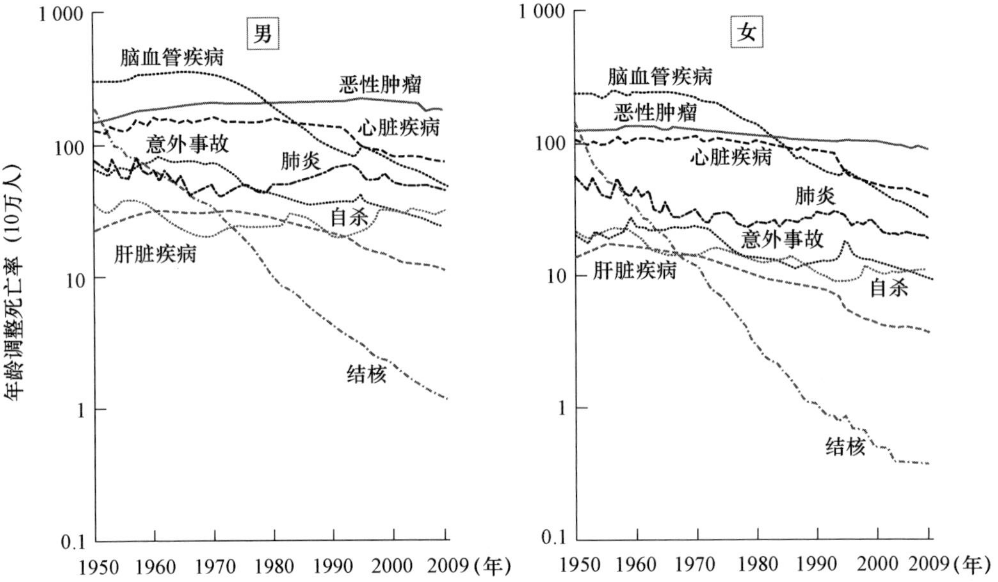

图 1.5　日本主要死因中年龄调整死亡率的年份变化

资料来源：厚生劳动统计协会. 图解日本国民卫生的动向 2011/2012. 厚生劳动统计协会，2011.

2. 寿命表

寿命表用于反映不同年龄段的人在下一个生日之前被预测死亡的概率（死亡概率）及平均还能活几年的指标（平均余命）。出生时（0 预期岁）被称为平均余命的“平均预期寿命”在一定程度上有收集死亡状况的作用，经常被用作综合表现国民健康状况的指标。

寿命表包括根据每五年一次的国民调查信息（确定数）来计算的完全寿命表和利用人口推算制作的简易寿命表。2010 年日本男性平均预期寿命为 79.64 岁（世界第四），女性平均预期寿命为 86.39 岁（世界第一），自 1985 年以来日本女性平均预期寿命稳居世界第一。

3. 发病率、患病率

表示人群疾病状况的基本指标有发病率、患病率等。发病率是指在一定的时期内，新病例数（包括观察期在内）在单位人口数每 100 000 人（或 100 人等）中所占的比例；患病率与初始患病时间无关，表示在某一个时间点（检查时）患病人数占单位人口总数的比例。患病率主要是针对患病时间长而致死率低的慢性疾病的调查，与此相对，发病率较多被用于调查患病时间短的急性疾病。

除此之外，其他有关国民健康状况的定期调查统计还有“人口动态调查”“国民健康营养调查”“学校保健统计调查”“全国体质、运动能力、运动习惯等调查”“患者调查”等，这些调查可以反映日本的人口状况、营养吸收状况、身体活动实施状况、体形状况、体质与运动能力状况、各类疾病的患病人数等。

三、健康和体质的关系

体质是指人类生命活动和生存活动的基本身体能力。体质可划分为图 1.6 所示的类别，其中，与健康有着密切联系的运动体质包含全身耐力、肌肉力量—肌肉耐力、柔韧性、平衡性及身体成分 5 个要素。这些被称为健康相关体质（Health Related Fitness）（表 1.2）。

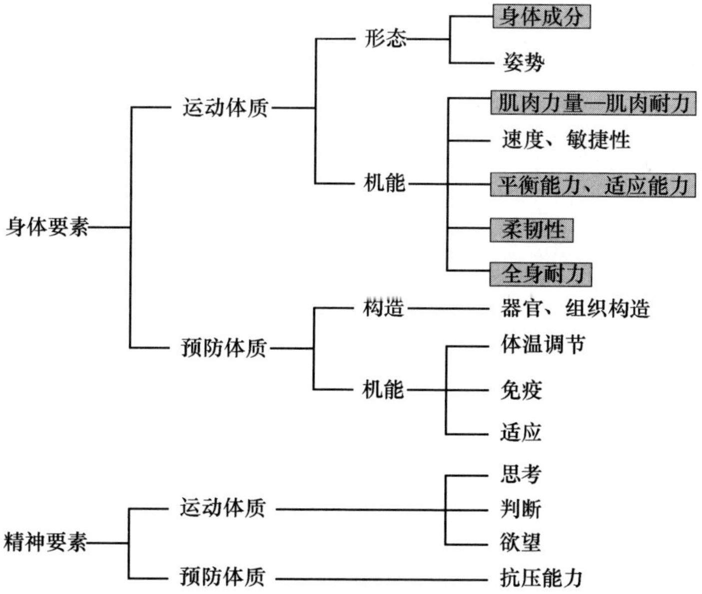

图 1.6　体质的分类

资料来源：猪饲道夫. 运动生理学入门. 杏林书院，1963：144.

表 1.2 健康相关体质及其评价方法

项目	评价方法
全身耐力	耐力跑
	运动负荷试验（功率自行车法、跑步机法和台阶实验法）
肌肉力量—肌肉耐力	握力
	仰卧起坐
	引体向上、斜引体向上
	坐起测试
	脚蹬伸力量（Power Output）
柔韧性	坐位体前屈
平衡能力	睁闭眼单脚站立
	功能性前伸测试（Functional Reach Test）
身体成分	皮褶厚度法
	生物电阻抗法
	水下称重法

在日本，伴随着生活方式病（旧称“成人病”）的增加，从 1980 年起健康相关体质的研究逐渐变得活跃，1989 年提出“健康促进所需要的运动量”，1999 年实施“新体力测试”，2002 年制定《健康促进法》，2006 年制定“基于健康促进的运动指南（2006）——为了预防生活方式病”，建议在日常生活中融入体育运动，增强与健康相关的体质（详细内容参考第五章）。

（一）全身耐力

全身耐力是由运动中为各身体组织提供所需氧气和营养素的呼吸循环机能决定的，它作为一种能使运动持续的能力而被人熟知。在健康体质中最早被探讨、在日本人死因中居于前位的心脑血管疾病（循环器官疾病）的罪魁祸首肥胖症、高血压、脂质代谢异常、糖尿病等与全身耐力的关系研究较为广泛。

最大摄氧量（$\dot{V}O_2max$）是衡量全身耐力的重要指标。流行病学研究表明，$\dot{V}O_2max$ 值较高的群体中，肥胖者所占的比例较小，高血压、脂质代谢异常、糖尿病等疾病的患病率也越低。相反，运动不足导致 $\dot{V}O_2max$ 值低的人群中各种疾病的患病率也较高。不过可以明确的是，进行一定程度的耐力训练来提高 $\dot{V}O_2max$ 值可以改善疾病状况。

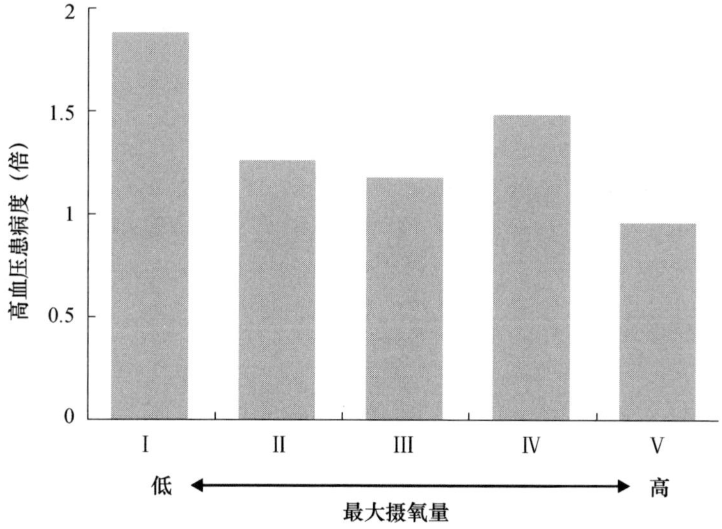

图 1.7 最大摄氧量（ $\dot{V}O_2max$ ）和高血压患病的关系

资料来源：S. Sawada. Clin. *Exp. Pharmacol. Physica*，1993，2（7–8）：485. 有改动。

（二）肌肉力量、肌肉耐力

握力、背肌力等需要短时间内发挥的肌肉力量，以及仰卧起坐、30 秒坐起测试等持续时间长的肌肉耐力动作，与健康有着密切关系。没有肌肉收缩就没有我们的劳动与日常生活，但在省力化发展迅速的今天，与过去相比需要发挥大肌肉力量的机会减少。与此相伴的是肌肉的质与量不断下降、儿童的体质下降、基础代谢和能量消耗减少造成的肥胖者增加、胰岛素敏感度降低引起的 2 型糖尿病的增加等，这引发了日本公共健康问题。

此外，随着年龄的增加和运动不足，腰大肌和股四头肌的肌肉量减少导致下半身肌肉力量较弱，成了老年人跌倒、骨折的危险因素（图 1.8）。在重视健康体质的时代，加强以全身耐力为中心的有氧运动成为主流；而到了省力化和高龄化的时代，因需要提高骨骼肌机能，便出现了所谓的“抗阻训练”（参照第九章）。

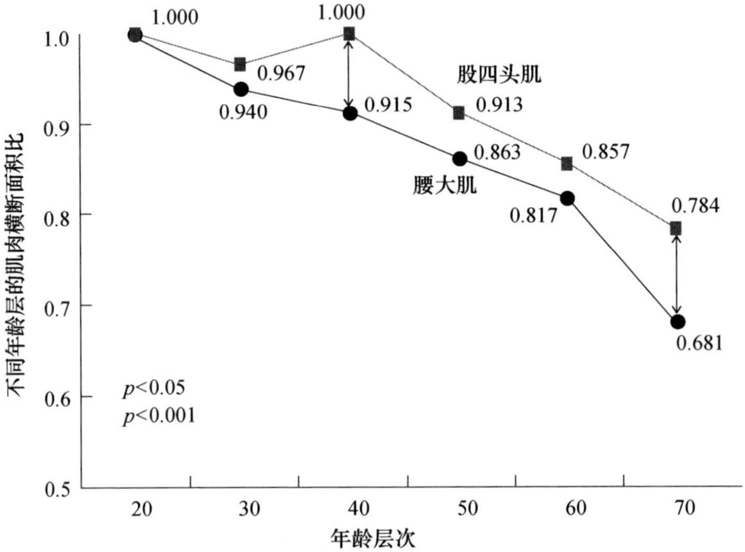

图 1.8　不同年龄层次腰大肌和股四头肌的萎缩

资料来源：高桥一荣. 女性腰大肌和股四头肌横断面积的增龄变化. 新潟医疗福祉学会，2006，6（1）：20.

（三）柔韧性

柔韧性是指人体关节活动范围的大小，由骨关节结构及关节周围的肌肉、肌腱、韧带的伸展性决定。由坐位体前屈进行评估的身体柔韧性可以通过柔韧体操、拉伸运动等加以提高。与男性相比，女性在柔韧性上更具有生理优势。报告指出，柔韧性低的人在进行体育运动时更容易造成损伤，因此日常生活中需进行一些提高柔韧性的训练，并在运动前进行拉伸等准备活动，以增大关节活动的范围预防损伤。

（四）平衡能力

伴随着日本老龄化进程，老年人因跌倒或骨折而导致卧床不起的现象愈发严重。随着年龄的增长，股四头肌和腰大肌的肌肉力量有所减弱，从而引起膝盖抬起困难，会被平日可跨过的台阶绊倒；平衡能力降低导致身体直立困难，容易跌倒。和其他体质素质相比，平衡能力与年龄的增长有着更加密切的关系（图 1.9），因此平日里我们应当留心肌肉力量的衰退和平衡能力的降低问题。

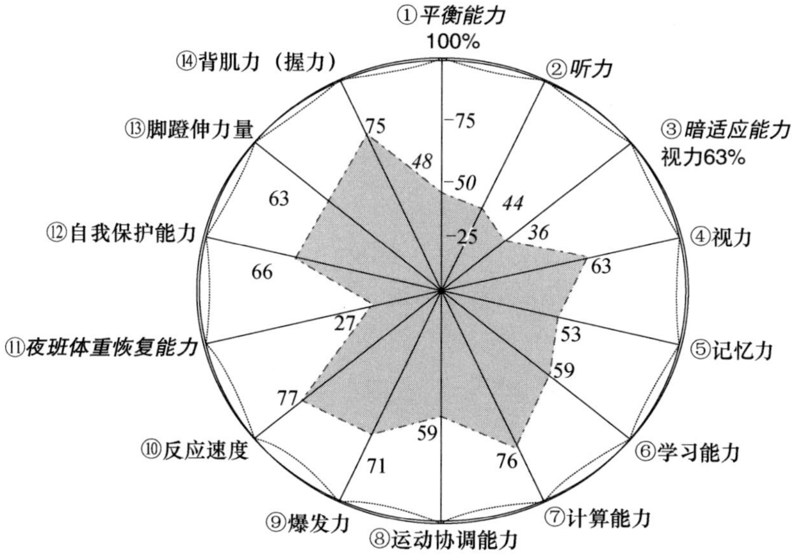

- - - -是 20～24 岁人群的各种机能；—— 是 55～59 岁人群的各种机能

①—④：平衡、感觉能力；⑤—⑦：精神、智能能力；⑧—⑩：运动、动作协调能力；⑪—⑫：预防疾病、恢复能力；⑬—⑭：肌肉力量。

注：身体机能项目中斜体部分是身体机能下降 50%以上的项目。

图 1.9 年龄和身体机能的退化

资料来源：劳动科学，1946，22（1）：6.

中野洋一. 除掉！坠落、摔倒、跌倒（安全卫生实践系列）. 中央劳动灾害防止协会，2009：22.

平衡能力可通过睁闭脚单眼站立及功能性前伸测试进行评估，老年人也可以通过训练加以改善。

（五）身体成分

构成人体的成分包括脂肪及其他成分，被称为身体成分。脂肪所占身体的比例叫作体脂率。体脂以外的肌肉、骨骼、内脏等为瘦体重（Lean Body Mass，LBM）。当体脂肪率变高并导致肥胖时，高血压、脂质异常、糖尿病等生活方式病的患病率也会变高。图 1.10 显示了体脂肪率和甘油三酯、高密度脂蛋白胆固醇（HDL-C）之间的关系。体脂肪率变高，甘油三酯也会变高，另一方面，抑制动脉硬化的高密度脂蛋白胆固醇会降低。

此外，壮年期的男性腹部深处容易积累内脏脂肪，易引发代谢综合征，且易患心脏病和脑血管疾病等与动脉硬化相关的疾病。另一方面，近年来体重过轻的年轻女性数量持续增加，由此产生的厌食症、月经不调、低出生体重儿、未来的骨质疏松等问题令人担忧。无论男女，保持合适的身体形象、饮食和活动的三者平衡来维持合理的身体成分是至关重要的。

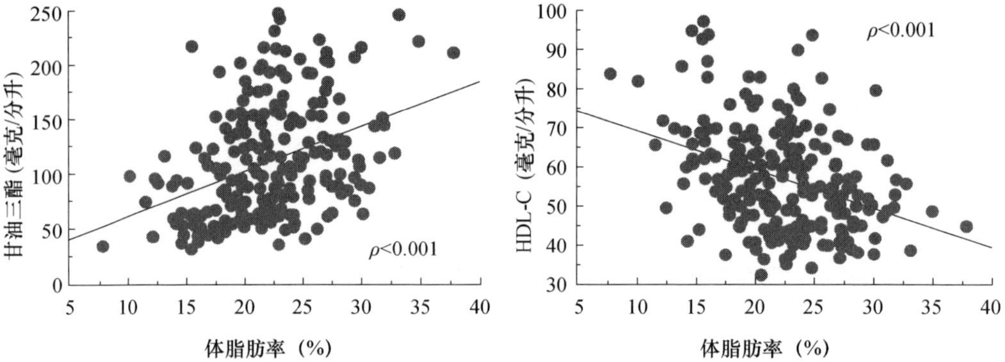

图 1.10　体脂肪率和甘油三酯、HDL-C 的关系（实验对象是 20～60 岁男性）

练习题

在括号内填入恰当内容：

1. 根据 WHO 宪章，健康是指（　　　　）、（　　　　）、（　　　　）的良好状态。

2. 以代谢综合征为对象开始实行的检查制度叫作（　　　　）。

3. 刚出生时的平均余命叫作（　　　　）。

4. 健康相关体质有（　　　　）、（　　　　）、（　　　　）、（　　　　）和（　　　　）五个部分。

5. 伴随着年龄的增长，与抬腿动作相关的（　　　　）和（　　　　）的肌肉力量的减弱，与绊倒摔跤有关。

第二章　现代社会与健康

本章重点：

※在日本，大多数人有着肥胖的趋势，而年轻女性则有偏瘦趋势，呈现出肥胖和偏瘦两极分化状态。了解二者各自存在的健康风险，并了解体育运动和身体活动在减少此类风险中所扮演的重要角色。

※了解日本虽然为世界上屈指可数的健康大国，但与此同时，其人口出生率也在下降，从而导致日本成为老龄化迅速加剧的老龄化大国。

※认识到通过体育运动和身体活动可以预防、改善生活方式病，以及老年人的看护问题是现代社会的重要课题。

一、疾病构成的变化

众所周知，人类祖先猿人在 500 万年前诞生。晚期智人也于约 10 万年前诞生于非洲，并分散至世界各地成了现代人的祖先。这就是说，人类是在漫长的岁月里通过不停地更新换代，慢慢进化而来的。可是在这个漫长的进化过程中，社会环境的巨变是在近数十年间才发生的。由于社会环境的变化，我们的生活方式也发生了改变，这催生了阻碍我们健康发展的现代特有因素，致使我们所患疾病的种类也产生变化。

若随着年份推移观察日本人的主要死因，20 世纪前半叶肺炎和结核病致死率居高，而近年来主要是恶性肿瘤、心脏疾病、脑血管疾病等在死之原因中占据主要位置。随着日本社会和经济状况的变化，疾病的构成也主要从传染病向生活方式病发生转变（图 2.1）。

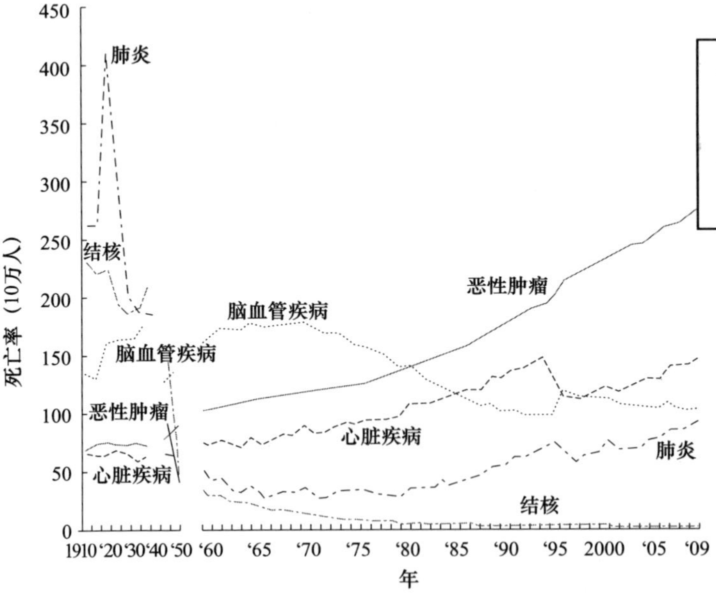

社会环境

社会环境是人类针对自然环境所创造出来的“语言”。

图 2.1　按主要死因分类的死亡率的年份变化（1910～2009 年）

注：1910～1955 年期间是间隔 5 年的数据，1945 年因数据不全而省略，1960 年之后是每年的数据。

知道了会很有用！

巴克假说（Barker Hypothesis）

1986 年英国免疫学者巴克提出假说，也被称为“成人病胎儿期发病假说”。如果胎儿在胚胎期由于母体的低体重而适应低营养环境，出生后就会变成急剧的过度营养状态。

图 2.2 简单展示了由社会环境变化到阻碍健康的预测过程。饮食习惯的欧美化及加工合成食品的出现，因过量饮食或挑食引起的热量摄入过多，以及不平衡的饮食习惯变化等，衍生了新的营养问题。此外，劳动、家务、交通工具等的机械化、省力化，使得体育运动与身体活动量急剧减少，导致了肥胖、代谢综合征等问题。同时城市化、工业化生活的复杂化，家庭、社区、职场等的人际关系单薄化、复杂化，给人的身心带来了巨大的压力，也使得人性被压抑，导致抑郁症和自杀案例增多。

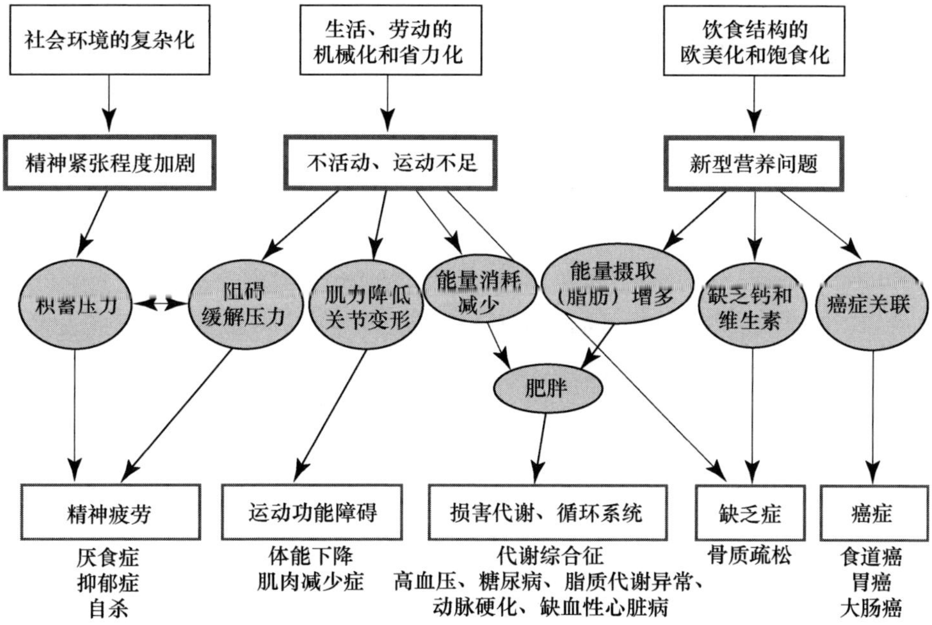

图 2.2 阻碍健康的现代社会因素

二、日本人体格的两极分化

图 2.3 显示了 1940 年至今日本人的体格变化。此图中使用体重指数（Body Mass Index，BMI）来表示体格指标。BMI 增加表示有肥胖趋势，降低则说明有偏瘦趋势。通过此图可以看出各年龄段男性和中老年女性有逐年肥胖趋势。另一方面，图中 20 岁年龄段的女性数据明显提示年轻女性逐年变瘦的趋势。这一现象在国际社会中算是特例，之后会详细介绍。

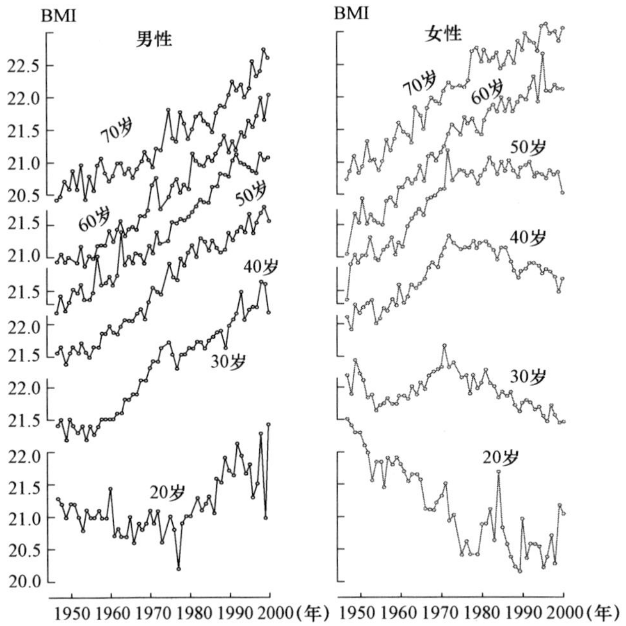

图 2.3　日本人的体格变化（BMI 的年份变化）

（一）肥胖趋势和生活方式病的剧增

从某种意义上说，人类的历史就是与饥饿斗争的历史。为了度过漫长的饥饿时代，人类体内以脂肪细胞的形式储存多余能量，以在必要时获得可利用的能源。可是，在现代日本，很多人在摄入想吃的食物时，往往摄入过量，但是身体活动量却急剧减少。从漫长的人类历史来看，这种状况只是近年才出现。人体对这种环境变化的难以适应，以肥胖和生活方式病的形式显示出来。

图 2.4 是 2 型糖尿病患者人数与生活方式（能量摄入量、脂肪摄入比例、汽车保有量）的关联示意图。糖尿病患者数量自 1960 年开始急剧增长，至今仍持续增多，但能量摄入量几乎没有变化，自 1970 年以后反而呈减少趋势。数据增长的是摄取总能量中脂肪所占比例，约 50 年前脂肪摄入比例仅为 6%，但现在则将近 30%。此外，汽车保有量也在迅速增加。饮食习惯的欧美化与生活、劳动的机械化使得运动量不足，从而导致糖尿病患者数量的增加。

知道了会很有用！

胰岛素

胰岛素是由胰脏分泌的一种蛋白质激素，对稳定血糖值起着重要的作用。众所周知，高脂肪食品和肥胖会导致胰岛功能受损。

另外，遗传学指出，日本人的胰岛素分泌能力比欧美人弱。自数千年前开始，欧美人以狩猎为生，一直摄入以肉食为主的高脂肪食物，其胰岛素分泌能力不断提高。可对于一直摄入以谷物类为主的低脂肪食物的日本人来说，他们无须像欧美人一般分泌过多胰岛素，因此其胰岛素分泌能力较低（仅为欧美人的 50%～75%）。在遗传背景未变的情况下，日本人难以应对急剧变化的以高脂肪食物为主的饮食习惯，因此糖尿病患者数量也就相应激增。

若当下的情况一直持续至子孙后代，有可能进化出能够适应任何饮食习惯、即使不进行运动也与肥胖和生活方式病无缘的身体，只是可能需要数百年甚至数千年的时间。

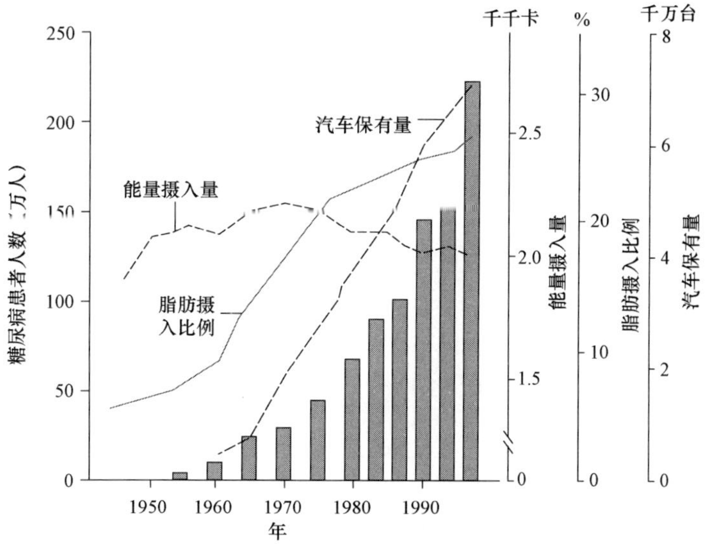

图 2.4　糖尿病患者人数和能量摄取量、脂肪摄取量比例的变化

（二）日本女性非自然过瘦趋势

在 2006 年，被称为超级模特的安娜·卡罗莱娜·莱斯顿（Ana Carolina Reston）因厌食症去世。以此事件为契机，西班牙规定 BMI 为 18［体重（千克）÷身高（米）^{2}］以下的模特禁止参加时装秀，由此诱助长发年轻女性变瘦欲望的时尚行业开始受到关注。日本的年轻女性逐年变瘦的趋势不确定是否受时尚行业影响，但从国际上来看，有诸多报告显示此为特例。在此说明一下此状况与健康的相关问题。

在图 2.5 中可以看出各国人均国内生产总值（GDP）和过瘦女性比例之间的关系。在此，过瘦标准指 BMI 低于 18.5。人均 GDP 代表收入水平，因此像巴基斯坦和孟加拉国这样的国家因贫穷而过瘦的女性较多。与此不同，日本过瘦女性的比例为 12.24%，这一数据在高收入水平国家中是异常高的，尤其是 2008 年度国民健康营养调查报告中指出，日本 20 岁年龄段女性的过瘦比例为 29%。

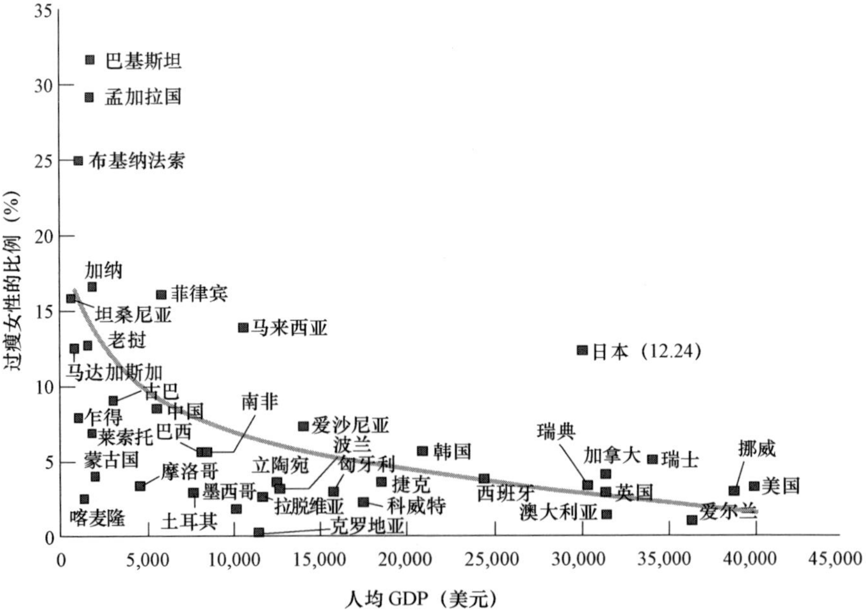

图 2.5　过瘦女性比例的国际比较

图2.6是不同出生年代的日本女性年龄与BMI的关系图。1945～1949年出生的女性在18岁左右停止增长身高时，其BMI也停止增加，此后保持在一定水平。1950年以后出生的女性，其BMI增长停止后又出现了下降趋势；而在1975～1979年出生的女性，其BMI开始下降的年龄更早，且有向更低水平推移的趋势。

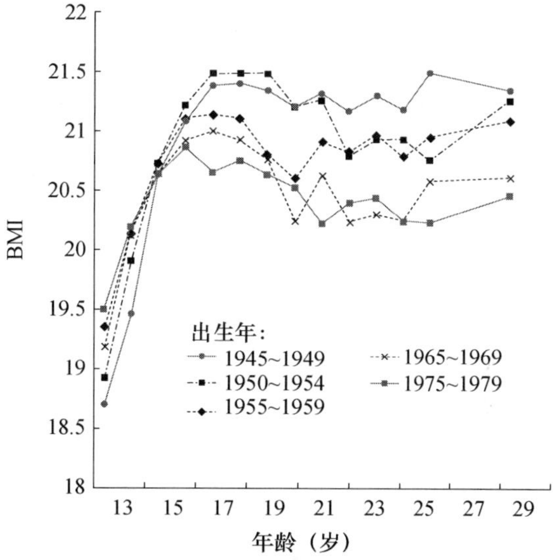

图2.6　日本不同出身年代女性年龄和BMI的关系

年轻女性过瘦会给健康带来何种消极影响呢？报告指出，想要变瘦的欲望越强烈，越易出现厌食症和抑郁症等问题。此外，年轻时过瘦的女性比一般女性骨密度更低，将来患骨质疏松症的风险更高。报告还指出，低体重女性分娩低出生体重儿（不足2500克）的风险更高。

在日本人的健康数据中，与其他发达国家相比鲜有劣势指标，但是低出生体重儿数量增长即为劣势指标之一。日本并非刚开始就有很多低出生体重儿。1980～1984年，日本低出生体重儿数量低于经济合作与发展组织（Organization for Economic Co operation and Development，OECD）成员国平均水平，此后持续增长直至现在的水平（图2.7）。关于日本尤为显著的低出生体重儿比例的增加，OECD报告中指出是因为出生在20世纪80年代及以后的年轻女性的吸烟率上升及产龄的增高，日本的相关医疗专家也提到与妊娠期间减肥有关。目前不断有证据表明胎儿因母亲体重过轻而适应低营养环境，出生后反而会因营养过剩导致将来罹患生活方式病的风险更高。这也就是说，年轻女性体重过轻不仅会影响自身健康，而且可能会给下一代的健康带来不利影响。

人的一生中维持良好的体格对促进健康极为重要，为拥有一个良好的体格，体育运动和身体活动的作用是不可忽视的。

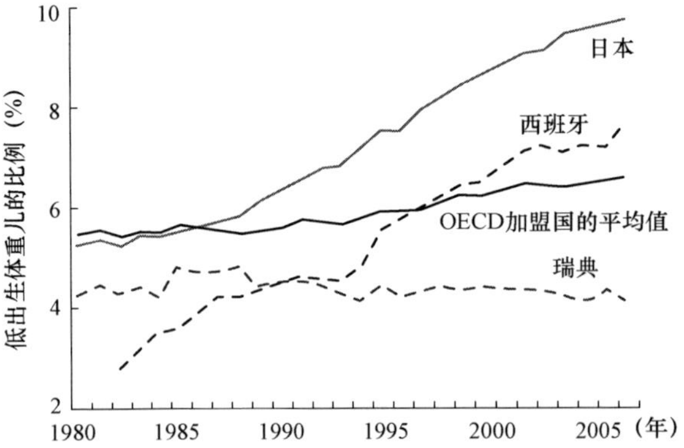

图 2.7 低出生体重儿比例的年份变化

> 知道了会很有用！
>
> **低出生体重儿**
>
> 低出生体重儿曾经被称为早产儿，但胎周数不短的低出生体重儿也不一定不成熟，所以该用语成为通用表达。

三、心理健康的恶化

2008 年，日本内阁府的调查（调查对象：全国 15～79 岁的男女，共 4 163 人）显示，关于平日里是否感觉到有压力的问题，回答“有”的（统计了包括“压力很大”和“稍微有点”的回答）人数占了 57.5%，超过半数。从不同年龄层来看的话，40 岁年龄层感到有压力的人数所占比例以 69.1%居最高位，30 岁年龄层所占比例达 66.5%，20 岁年龄层占 64.1%，50 岁年龄层紧接其后，所占比例达 61.0%，甚至 10 岁年龄层中也有 52.0%的人回答有压力。如此看来，现代日本人，包括未成年人在内的各个年龄层群体都饱受压力困扰。即便饱受压力，若采取积极的应激管理（Stress Management），压力就不足以构成问题；但如果不加管理，压力就会向抑郁症等精神疾病和自杀问题转变。

日本的自杀死亡人数在 1990 年有 21 346 人，但到了 1998 年，与上年相比增长了约 35%，超过 30 000 人次，而现在仍处于较高水平（图 2.8）。从 2010 年日本人的死亡原因排序来看，自杀居第 6 位；从不同年龄阶段来看，15～39 岁的年龄层中死亡原因为自杀的比例排至第 1 位，近年来也仍呈现持续态势；在 20 岁年龄层的全体死亡人数中，自杀身亡人数接近一半（表 2.1）。

此外，日本厚生劳动省的调查结果显示，罹患与自杀有着密切联系的抑郁症等精神疾病的全国估算人口在 1996 年约有 60 000 人，而到了 2005 年则约有 105 000 人，在 9 年内增长了 0.75 倍。

在此背景下，厚生劳动省于 2011 年决定在重点应对的癌症、心脏病、脑血管疾病、糖尿病等“四大疾病”中增加精神疾病，将其改为“五大疾病”。作为应激管理的有效手段之一，体育运动和身体活动的必要性进一步受到关注。

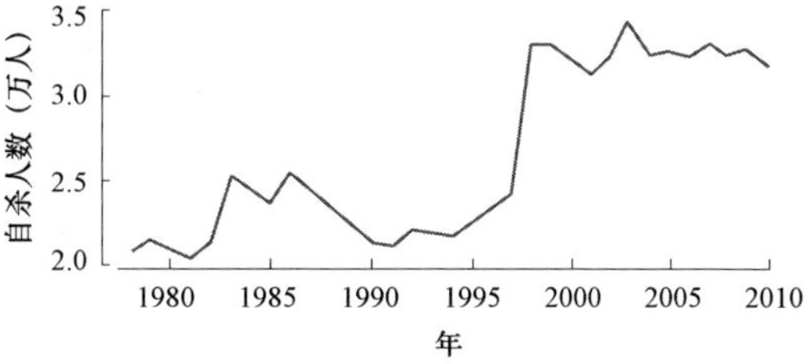

图 2.8 自杀人数的年份变化

表 2.1 各年龄层死亡数（实数）、死亡率（10 万人）及比例

年龄阶段	第 1 位				第 2 位				第 3 位			
	死因	死亡数	死亡率	比例（%）	死因	死亡数	死亡率	比例（%）	死因	死亡数	死亡率	比例（%）
总数	恶性肿瘤	353 318	279.6	29.5	心脏病	189 192	149.7	15.8	脑血管疾病	123 393	97.6	10.3
10～14	意外事故	121	2.1	21.9	恶性肿瘤	116	2.0	21.0	自杀	63	1.1	11.4
15～19	自杀	451	7.5	31.7	意外事故	424	7.0	29.8	恶性肿瘤	150	2.5	10.5
20～24	自杀	1 372	21.8	49.8	意外事故	553	8.8	20.1	恶性肿瘤	217	3.4	7.9
25～29	自杀	1 630	22.8	47.4	意外事故	514	7.2	15.0	恶性肿瘤	372	5.2	10.8
30～34	自杀	1 920	23.4	39.7	恶性肿瘤	760	9.3	15.7	意外事故	570	6.9	11.8
35～39	自杀	2 345	24.2	31.0	恶性肿瘤	1 598	16.5	21.2	心脏病	756	7.8	10.0
40～44	恶性肿瘤	2 779	32.1	27.3	自杀	2 325	26.9	22.9	心脏病	1 106	12.8	10.9
45～49	恶性肿瘤	4 731	59.4	32.6	自杀	2 465	30.9	17.0	心脏病	1 735	21.8	11.9
50～54	恶性肿瘤	8 690	114.2	39.5	心脏病	2 636	34.6	12.0	自杀	2 615	34.4	11.9
55～59	恶性肿瘤	17 815	205.8	45.3	心脏病	4 674	54.0	11.9	脑血管疾病	3 185	36.8	8.1
60～64	恶性肿瘤	31 925	317.5	48.3	心脏病	8 069	80.3	12.2	脑血管疾病	5 180	51.5	7.8

四、超高龄社会的到来

（一）寿命的延长与总人口减少

根据厚生劳动省 2010 年的资料，日本男性平均预期寿命为 79.64 岁，女性平均预期寿命为 86.39 岁。与国际社会相比，日本人平均预期寿命仍呈逐年持续增高趋势（图 2.9）。在 2000 年至 2010 年间，日本男性平均寿命增加了 1.92 岁，女性增加了 1.79 岁。这一平均预期寿命指标，是从 0 岁开始的平均余命算起，计算“还能活多少岁”，其中只考虑生存年数的问题。但近年来不仅考虑到生存的年数，还延伸到“如何能建立健康的生活”的一种考虑“生活质量（Quality of Life，QOL）”的健康寿命问题上来。

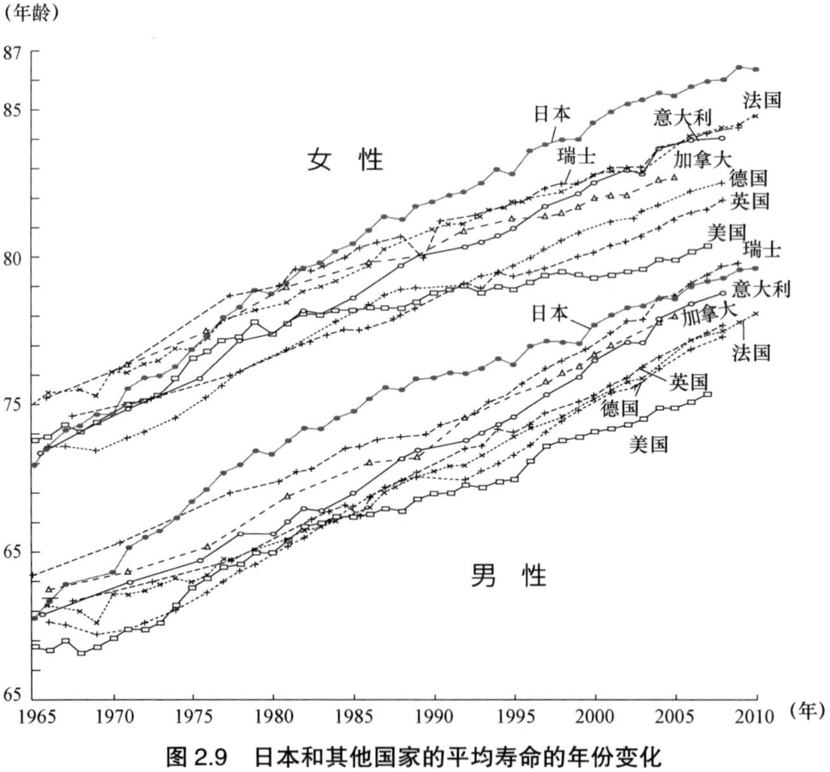

图 2.9 日本和其他国家的平均寿命的年份变化

自 2000 年起，WHO 计算并公布各个成员国用平均预期寿命减去需要看护（不能独立生活）的时间所得出的健康寿命。2004 年的 WHO 报告指出，日本男性健康预期寿命为 72.3 岁，女性为 77.7 岁，平均健康预期寿命为 75 岁，居世界第一位。日本作为一个长寿大国，虽值得欣慰，但总人口的 20%以上都是老年人（65 岁以上），这在世界范围内罕见，由此日本可以说是超高龄大国。由于未来总人口将不断减少，可以预测到老年人所占比例将持续上升，至 2030 年将达 30%，而 75 岁及以上的后期老年人将达到 15%（图 2.10）。养老金和老年人口看护等老龄化社会问题在日后可能会愈发严峻。为了使老年人享有健康生活，创造具有活力的社会，而不仅是实现长寿，在保持身体健康的同时提高生活质量也是相当重要的。

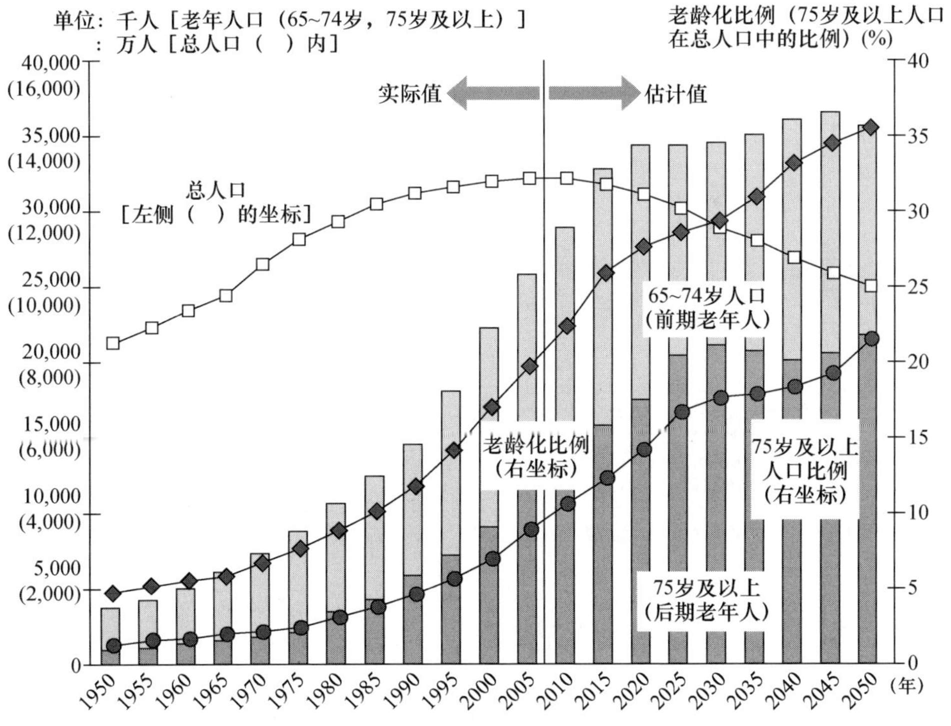

图 2.10　人口减少和老龄化

（二）预防看护

在老龄化急剧加速的日本，预防看护是极为重要的课题。厚生劳动省公布的需要看护、需要支援的认定人数的逐年推移变化显示，2000 年为 218 万人，但在 2010 年增长至 487 万人，10 年间大约增加了 1.2 倍。不难预测的是，这一认定人数将会持续增加。控制需要看护、需要支援人数的增长并控制预防生活方式病的医疗费用，是社会保障制度建设的重要课题，日本政府也在构思各种对策。

老年人需要看护的主要原因包括脑血管疾病、高龄导致的身体机能衰弱、跌倒骨折、认知功能障碍等。这些大部分是由体育运动和身体活动不足等不良生活习惯导致，这与生活方式病发病的主要原因相一致。因此，希望终身预防生活方式病并预防看护。

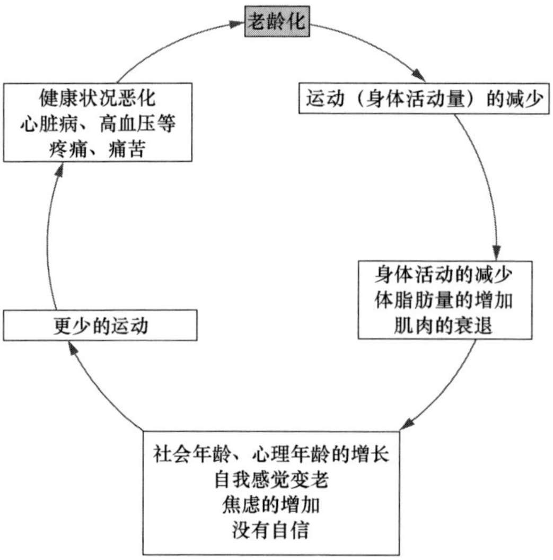

图 2.11 增龄的恶性循环

预防看护的目的，是维持并提高生活质量。到了老年时期，以增龄为起点，运动（身体活动量）的减少，会导致社会年龄及心理年龄的增长，进一步致使运动量不足，导致健康状态的恶化，这种恶性循环会使生活质量越来越低（图 2.11）。在此基础上，生活方式病，特别是脑血管疾病和心脏病并发，会进一步加速恶性循环。因此，控制体育运动（身体活动量）的减少，就成了防止陷入看护恶性循环的重点。

五、体育运动与身体活动的作用

英文中有“Use it or lose it.”的说法，将其对应到人体机能上便是“用进废退”。

生活方式病从社会背景的成因来看，也可以称为食源病、运动不足病、压力病等。通过适量运动、促进能量消耗、加强身体机能、释放压力、调整生物节律等方法，可以预防并改善生活方式病，以提高生活质量。另外，为了使即将到来的日本超高龄社会充满活力，运动在其中发挥的作用至关重要，今后运动指导者的作用也会愈发强大。

练习题

在括号内填入恰当内容：

1. 日本人的疾病构成，是从（　　　）向（　　　）转变的。

2. 日本人的饮食生活逐渐（　　　），现在总摄入的能量中脂肪所占比将近达到（　　　）%。

3. 2010 年，日本的老龄化比例超过（　　　）%，预计 2030 年将达到（　　　）%。

第三章　生活方式病

本章重点：

※了解肥胖是如何产生的。

※了解由于内脏脂肪的积累而形成的代谢综合征。

※学习糖尿病的成因、类型及判定方法。

※理解人们对于糖尿病引发并发症的忧虑。

※了解高血压的发病率偏高现状及高血压的判定方法。

※了解生活方式病的预防和发病、与体育运动和身体活动量的密切关系。

除了遗传因素，过度饮食、身体活动量不足、饱受压力等因素引起生活习惯的紊乱，从而引起的生活方式病已成为日本最大的健康课题之一。

本章所涉及的生活方式病包括肥胖、代谢综合征、糖尿病、高血压，并围绕其定义、成因、判定方法、并发症、与身体活动量的关系等方面进行说明。

一、肥胖、代谢综合征

（一）何为肥胖?

有报告显示，日本 20 岁以上肥胖者的比例是男性占 30.4%，女性 21.1%，其中特别指出 30 岁以上的男性肥胖者数量仍在不断增加（图 3.1）。肥胖的定义是“摄取能量高于消耗能量，使得体内贮藏的脂肪组织过剩的状态”。因此，肥胖不仅导致糖尿病、高血压、脂质代谢异常、代谢循环系统疾病，同时也是一部分癌症和骨关节疾病的主要患病原因之一（图 3.2）。

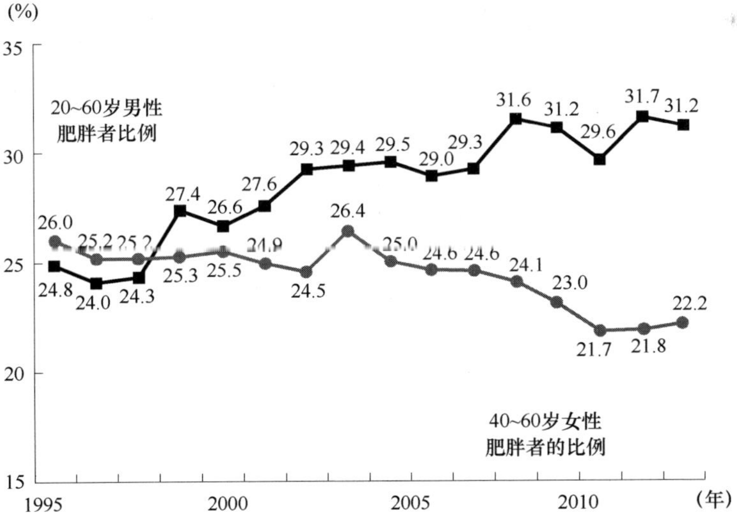

图 3.1 日本肥胖者（BMI≥25）的比例（随年份变化）

资料来源：2010 年日本国民健康营养调查。

一种肥胖是由进食太多而导致摄取的能量增加，以及运动不足导致消耗的能量减少等造成的，属于单纯性肥胖（占 95%）；还有一种肥胖是由代谢异常或内分泌异常等明确原因导致，属于继发性肥胖（占 5%）。

补偿摄食

为了缓解或消除压力而进食的行为。

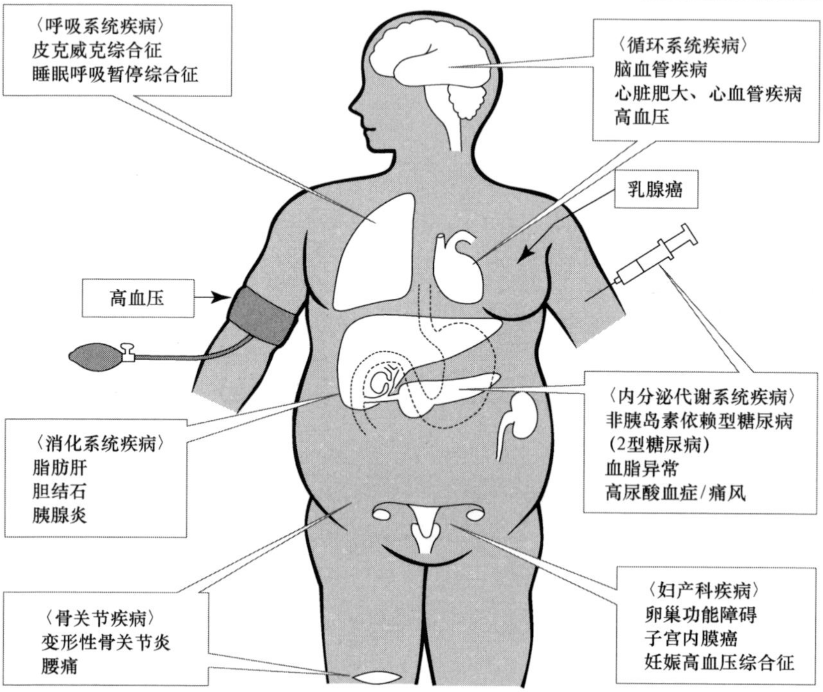

图 3.2 肥胖引发的并发症和异常

资料来源：日本肥胖学会编集委员会. 肥胖、肥胖症的指导手册（第 2 版）. 医牙药出版，2001：16.

（二）肥胖的成因

肥胖的成因主要有环境因素、行为因素、遗传因素三种。环境因素包括省力化、城市化社会的形成和交通手段的发达、高能量高脂肪饮食的增加、压力的增加等。

行为因素有饮食行为方面——暴饮暴食、补偿摄食、夜间暴食、偏食等，还有活动方面——运动不足等。虽然能量总摄取量在过去的几十年间没有太大的变化，但脂肪摄取比例在逐年增加；同时，伴随着身体活动量的减少，肥胖人数也不断增多。至于遗传因素导致肥胖，有的是由于单一遗传因子（单基因）异常，有的则是由于多个遗传因子（多基因）异常和环境因素过于复杂。遗传统计学的研究表明，在肥胖形成的因素中，环境因素约占 7 成，遗传因素约占 3 成，因此在预防肥胖时应多注重环境因素。

（三）肥胖的判定方法

1. 体重指数（BMI）

判定肥胖的指标有很多，其中，在国际社会中得到认可的方法是用体重（千克）除以身高（米）的平方算出 BMI 进行判定。

BMI=体重（千克）÷身高（米）^{2}

比如一个人的身高是 170 厘米，体重 65 千克，那比人的 BMI 就是 65÷1.7^2=22.49。

日本 BMI 标准是 BMI＜18.5 为低体重，18.5≤BMI＜25 是正常体重，25≤BMI＜30 是肥胖（1 度），30≤BMI＜35 是肥胖（2 度），35≤BMI＜40 是肥胖（3 度），BMI≥40 是肥胖（4 度）（表 3.1）。在 BMI 高于 25 的同时，患上 2 型糖尿病（糖耐量受损）、脂质代谢异常、高血压、高尿酸血症（痛风）、冠状动脉粥样硬化、脑梗死、睡眠呼吸暂停综合征、脂肪肝、变形性骨关节炎、月经异常等其中至少一种疾病，便被称为“肥胖症”。另一方面，当 BMI 为 22 时，各种疾病的患病可能性最小。标准体重计算公式为：

标准体重（千克）=身高（米）^{2}×22

前面所举例了的标准体重是：1.7^2×22=63.58（千克）。

表 3.1　根据 BMI 判定肥胖

BMI	判定
＜18.5	低体重
18.5≤BMI＜25	正常体重
25≤BMI＜30	肥胖（1 度）
30≤BMI＜35	肥胖（2 度）
35≤BMI＜40	肥胖（3 度）
≥40	肥胖（4 度）

资料来源：日本肥胖学会. 肥胖症诊断基准 2011，2011：1.

2. 身体成分，体脂肪分布

构成人体的成分包括脂肪和其他成分，叫作身体成分（参照第一章）。近年来，常被用来测量身体成分的阻抗法原理如下：非脂肪组织中富含电解质，因此电流极易通过，而脂肪组织是绝缘体，所以通过测量身体的电流抵抗性（阻抗）来推测体脂肪率。由于测量机器和测量时间不同，测量值会有所差异，所以要注意用同一机器在同一时间进行测量。通过体脂肪率来判定肥胖的方法如表 3.2 所示，和 BMI 不同的是这个判定方法区分男女（女性还分不同年龄）。

表 3.2　根据体脂肪率判定肥胖

判定		轻度肥胖	中度肥胖	重度肥胖
男性（全部年龄）		20%以上	25%以上	30%以上
女性	6～14 岁 15 岁及以上	25%以上 30%以上	30%以上 35%以上	35%以上 40%以上

资料来源：日本肥胖学会. 肥胖·肥胖症的指导手册（第 2 版）. 医牙药出版，2001：5.

此外，与体内贮藏的脂肪量相比，贮藏脂肪的位置（体脂肪分布）与生活方式病的关系更加紧密。女性容易在臀部和大腿部（女性型肥胖，下半身型肥胖）积蓄脂肪，男性则是在腹部周围（男性型肥胖，上半身型肥胖）积蓄脂肪。与女性型肥胖相比，男性型肥胖的生活方式病发病率更高。如果使用 CT 或 MRI 这类诊断装置来诊断腹部脂肪分布的话，会发现比起因皮下脂肪过多而导致的肥胖（皮下脂肪型肥胖），因腹腔深部的内脏周围脂肪过多而导致的内脏脂肪型肥胖（内脏脂肪型肥胖）更易引发生活方式病（图 3.3）。内脏脂肪的代谢速度比皮下脂肪更快，这种脂肪组织虽然容易积蓄，但通过饮食疗法和运动疗法容易削减。

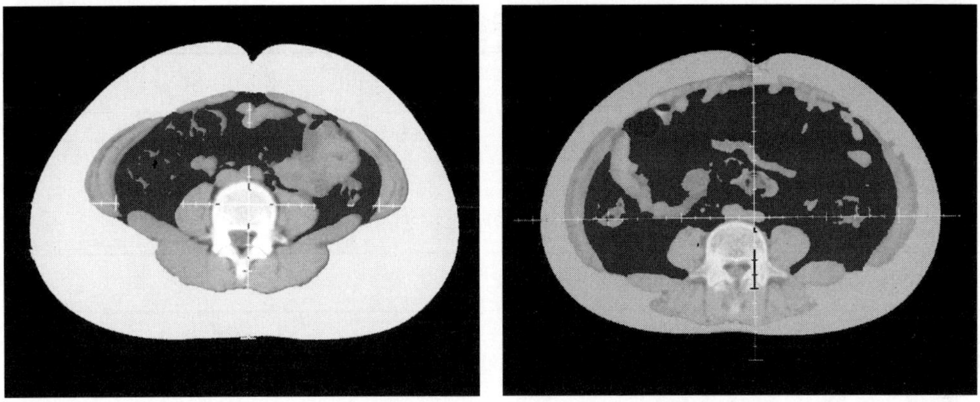

(a) (b)

图 3.3 皮下脂肪型肥胖（a）和内脏脂肪型肥胖（b）

注：深灰部分是内脏脂肪，周围的浅灰部分是皮下脂肪

知道了会很有用！

脂肪细胞因子和脂联素

脂联素是脂肪细胞分泌的一种生理活性物质，能促进脂肪燃烧和葡萄糖摄取（胰岛素敏感性），抑制动脉硬化等，被认为是一种有益物质。内脏脂肪量增加时，脂联素的浓度会降低；脂肪量减少时，脂联素会增加。

（四）代谢综合征（内脏脂肪症候群）

代谢综合征的定义是："以内脏脂肪积蓄为基础，同时胰岛素抵抗性和糖耐量异常、脂蛋白异常引发动脉硬化、高血压等病症在人体中并发而致使心脑血管疾病易于发作。"日本诊断标准中的必要项目是测量腰围来判断是否腹部肥胖（男性是 85 厘米及以上，女性是 90 厘米及以上，相当于贮藏了 100 厘米 ^{2} 的内脏脂肪）；除此之外，其他 3 项是：高血压（130/85 毫米汞柱及以上），高血糖（空腹血糖 110 毫克/分升及以上），脂质代谢异常（150 毫克/分升及以上为高甘油三酯血症，40 毫克/分升以下为低高密度脂蛋白胆固醇血症），满足这 3 项中的 2 项及以上就可认定为代谢综合征（表 3.3）。

表 3.3 代谢综合征的诊断基准

内脏脂肪积蓄	
●腰围	男性≥85 厘米 女性≥90 厘米
（无论男女，相当于≥100 平方厘米的内脏脂肪面积）	
除腰围外，满足以下项目中的 2 项及以上	
●高甘油三酯血症 并且/或者	≥150 毫克/分升
●低高密度脂蛋白胆固醇血症	<40 毫克/分升
●收缩压 并且/或者	≥130 毫米汞柱
●舒张压	≥85 毫米汞柱
空腹血糖	≥110 毫克/分升

注：接受药物治疗时包括各种项目。

资料来源：日本内科学会杂志，2005，94，4：188.

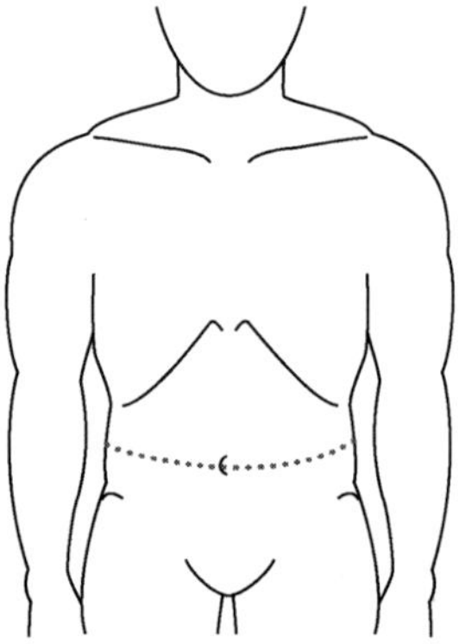

腰围的测量方法

①站直后，测量肚脐的高度。为了能够准确测量，应脱掉内衣。

②确认卷尺是否能在水平线上围住后背和腰。

③双脚并拢，双臂自然下垂，腹部不要吸气。

④正常呼气后，读出卷尺测量的刻度。

资料来源：“基于健康促进的运动指南（2006）——为了预防生活方式病”。

2007 年的日本国民健康营养调查显示，40～74 岁的代谢综合征患者约有 1 070 万（男性患病率为 30.3%，女性患病率为 11.0%），有患病征兆的人数约为

940 万（该年龄范围内男性占 25.9%，女性占 8.2%），共计 2 010 万人。内脏脂肪分泌的各种生理学活性物质如果出现分泌异常现象，则会引发高血糖、脂质代谢异常、高血压等多重风险。为了防止动脉硬化等血管病变的出现，有必要早预防、早应对（图 3.4）。

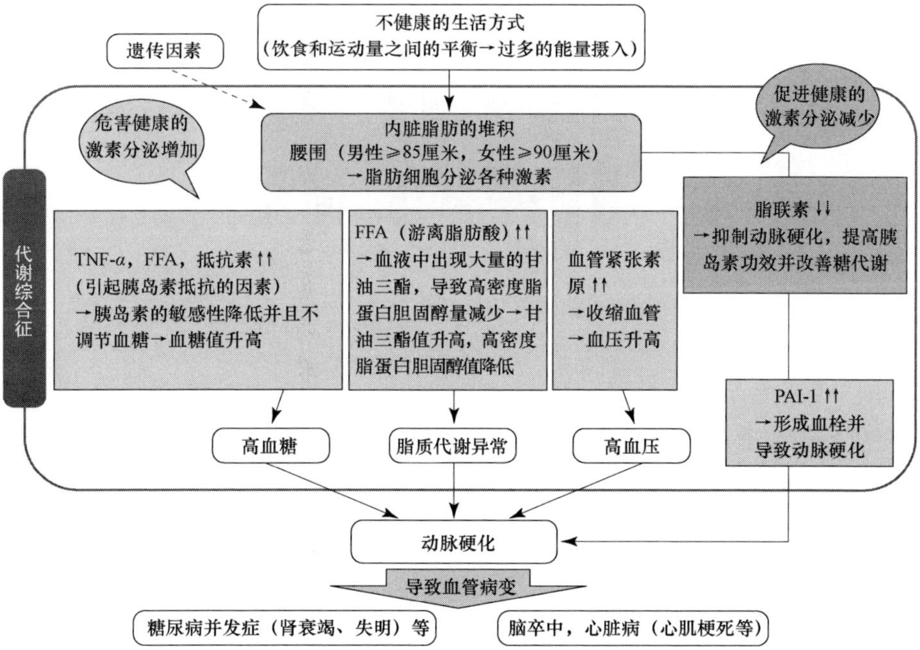

图 3.4 代谢综合征的机制

资料来源：厚生科学审议会健康增进营养部会（2005），“关于推进今后的生活方式病政策（中间汇总）”，有改动。

（五）身体活动量与肥胖

肥胖的形成与身体活动量降低有密切关系。图 3.5 探讨的是久坐工作与闲暇时进行身体活动引发肥胖的可能性。每周闲暇时身体活动量在 30 代谢当量以上、坐着工作的时间每周不超过 15 小时的人群形成肥胖的概率是 1；但如果在闲暇时身体活动量减少，坐着工作的时间延长，两者都会增加肥胖的可能性，最高能达到 4 倍之多。

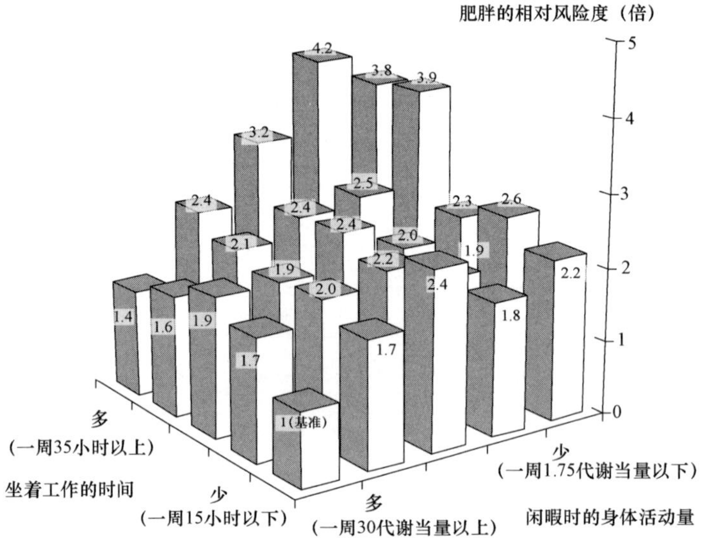

图 3.5　身体活动量和肥胖风险

随着身体活动量减少，能量消耗也在减少，剩余的能量转化成甘油三酯贮存在脂肪细胞里，从而导致肥胖。相反，身体活动量增加后，作为肌肉收缩能量来源的脂肪被分解后为骨骼肌所用，从而形成肥胖的风险也降低了。

二、糖尿病

（一）糖尿病的定义

糖尿病是指血液中的葡萄糖（血糖）值一直维持高水平状态的一种疾病，定义是“胰岛素的作用不足引起慢性高血糖，从而引发特殊的代谢异常症候群”。通常情况下，饮食摄取会使血糖值会上升，胰脏的胰岛 β 细胞会分泌出胰岛素，血糖通过这个激素被肝脏、肌肉与脂肪组织所吸收，从而使机体维持一定的血糖值。如果胰岛素的降低血糖作用出于某些原因无法正常发挥的话，就会患上糖尿病。

2007 年日本国民健康营养调查显示，被严重怀疑有糖尿病症状的人约有 890 万，加上不能否认患有糖尿病的人共计约 2 210 万人。对比 2002 年的调查，前者为 740 万人，后者为 1 620 万人，可得知日本糖尿病患者的数量有增加趋势。

（二）糖尿病的成因与类型

一般认为糖尿病的成因与遗传、增龄、暴饮暴食、肥胖、妊娠、运动不足及压力等有关。在这些成因的基础上，糖尿病分为胰岛素依赖型糖尿病和非胰岛素依赖型糖尿病。此外，还有一种特殊类型，即妊娠期糖尿病。

胰岛素依赖型糖尿病（Insulin Dependent Diabetes Mellitus，IDDM）也叫 1 型糖尿病。胰脏中制造胰岛素的细胞（β 细胞）被破坏，致使其几乎无法分泌出胰岛素（占糖尿病总数的 5%）。其发病多见于儿童和年轻人，但成年人也存在β 细胞被渐渐破坏的情况。由于胰岛素的缺乏，血糖无法利用，于是用分解脂质得到的能量进行代替，这使得尿液中出现了酮这一物质，从而必须进行胰岛素补给。

非胰岛素依赖型糖尿病（Non insulin Dependent Diabetes Mellitus，NIDDM）也叫 2 型糖尿病。胰岛素的分泌虽少但并不是没有。但当胰岛素抵抗性（细胞的胰岛素敏感性呈现低下的状态）出现时，便可引发胰岛素作用不足的情况。在日本，2 型糖尿病的患者数量非常庞大这种类型的糖尿病是生活方式病的一种。患者虽然可以通过饮食疗法和运动疗法来控制血糖值，但这些方法无法实现时也必须进行胰岛素的补给（图 3.6）。

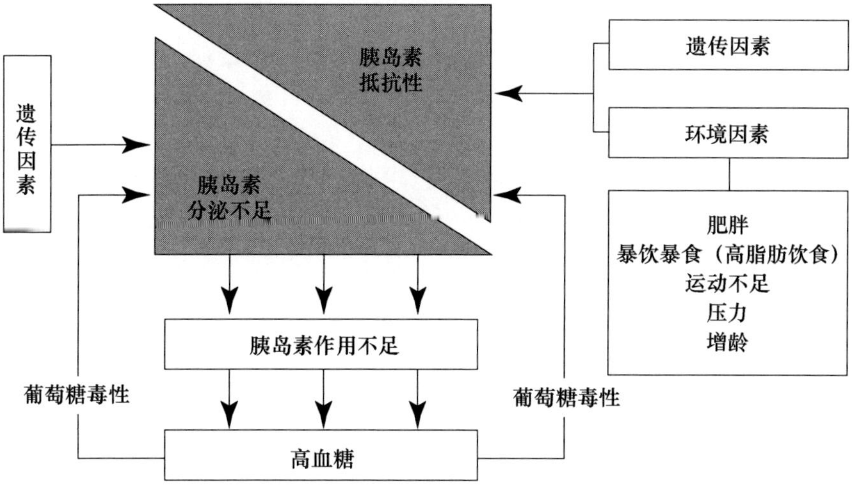

图 3.6 2 型糖尿病的发病机制

注：高血糖导致胰岛素分泌不足和胰岛素抵抗性进一步加重的现象叫作葡萄糖毒性，致使 2 型糖尿病恶化。

资料来源：野田光彦等. 医学的步伐. 1999，188（5）：406.

（三）糖尿病及胰岛素抵抗的判定方法

1. 口服葡萄糖耐量试验

口服葡萄糖耐量试验（Oral Glucose Tolerance Test，OGTT）可用于判定糖尿病。口服葡萄糖耐量试验是通过先饮下葡萄糖溶液，然后观察血糖值的变化来判定糖代谢的状态。实际操作为空腹时饮用 75 克的葡萄糖溶液，然后在第 30 分钟、60 分钟、120 分钟时测量血糖值。若口服前的血糖值在 126 毫克/分升以上或口服 2 小时后在 200 毫克/分升以上的话，可判定为糖尿病。若口服前的血糖值低于 110mg/dL 或口服 2 小时后低于 140 毫克/分升的话，可判定为正常（图 3.7）。除此之外，若无论何时血糖值都达 200 毫克/分升以上，便会出现糖尿病的主要症状（口渴、多饮、多尿、体重下降等）。糖化血红蛋白（HbA1c）达到 6.5%以上（NGSP 值），患有糖尿病性视网膜病变等都可以判定为患有糖尿病。

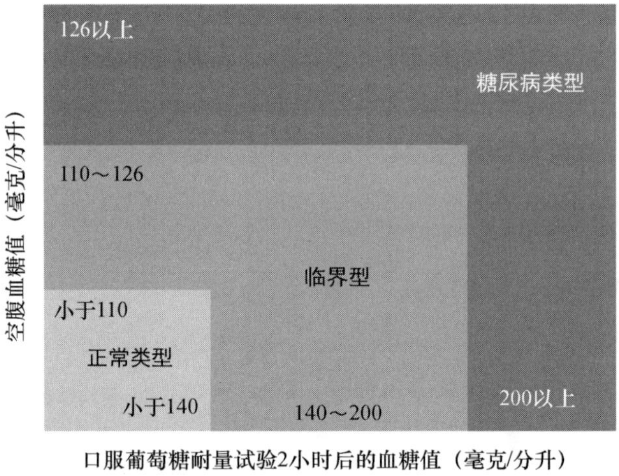

图 3.7　根据口服葡萄糖耐量试验判定糖尿病

资料来源：日本糖尿病学会. 糖尿病治疗指南 2010. 文光堂，2010：18. 有改动。

2. HOMA-IR 法

除了口服葡萄糖耐量试验以外，还有一种与糖尿病发生有着密切联系的评估胰岛素抵抗性的方法，叫作 HOMA-IR 法。

知道了会很有用！

胰岛素抵抗性

胰岛素抵抗性是指胰岛素敏感性呈现低下的状态，这与血液中是否存在胰岛素无关，此时，抑制肝脏内糖的产出和促进肌肉、脂肪组织对糖的吸收这两项功能已经无法发挥出来了。出现胰岛素抵抗性状态时，为了保持现有的血糖值，胰脏必须大量分泌胰岛素，于是出现高胰岛素血症。高胰岛素血症长时间持续的话，胰脏就会疲敝，无法分泌出胰岛素，从而引发 2 型糖尿病。

HOMA-IR=空腹时的胰岛素值（微单位/毫升）×空腹时的血糖值（毫克/分升）÷405，所得值小于 1.6 为正常，大于 2.5 则可认为具有胰岛素抵抗性。

（四）糖尿病并发症

糖尿病也被称为“并发症疾病”，糖尿病导致的高血糖状态（HbA1c 达 7% 以上，空腹时的血糖值达 140 毫克/分升以上）一直持续的话，会引发全身各种内脏器官疾病。众所周知，糖尿病并发症有糖尿病性视网膜病变、糖尿病性肾病、糖尿病性神经病变、糖尿病性大血管病变（动脉硬化）。糖尿病性视网膜病变位居成年人失明原因首位，每年约有 3 000 人因患糖尿病而失明。不少人在患上高度视觉病变前没有任何征兆。糖尿病引发肾病（糖尿病性肾病）后，会出现身体疲倦、双脚浮肿、贫血、呕吐等症状，这些症状的出现说明肾功能已非常低下，若不做人工透析则难以维持生命。糖尿病性神经病变指全身神经都被高血糖侵蚀，出现脚和手指尖发麻、麻

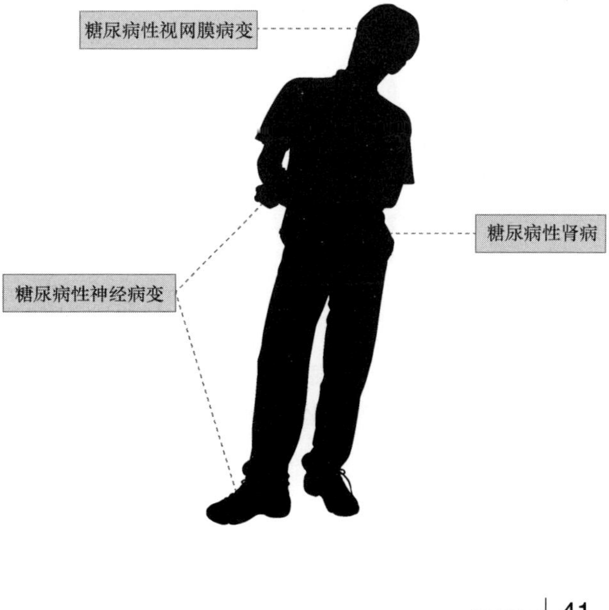

痹感、疼痛、脚底出冷汗等各种症状。糖尿病的并发症比例分别是视网膜病变占 13.1%，肾病占 15.2%，神经病变占 15.6%。在糖尿病疑患人群中，与大血管病变（动脉硬化）相关的心脏病占 15.8%，脑率中占 7.9%。

（五）体育运动和身体活动量与 2 型糖尿病

有关身体活动与糖尿病患病的大规模流行病学调查显示，进行身体活动能有效降低 2 型糖尿病的发病风险。宾夕法尼亚州立大学学生的研究显示，当闲暇时身体活动所消耗能量提高至 500 千卡/周时，糖尿病的发病率将减少 6%，特别是比步行运动强度稍高的一些运动，其抑制效果会更好。此外，该研究还指出作为全身耐力指标的最大摄氧量和胰岛素敏感性呈正相关；相反，身体活动量不足的糖尿病患者和肥胖者与健康人相比，胰岛素敏感性较低（图 3.8）。

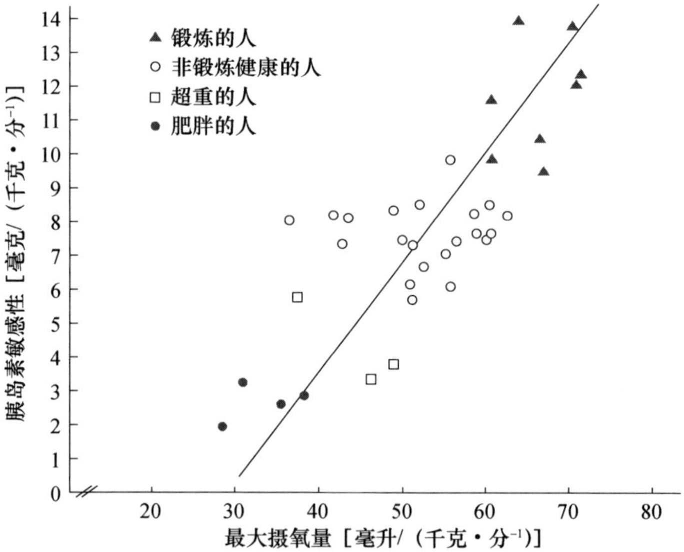

图 3.8　最大摄氧量和胰岛素敏感性的关系

资料来源：佐藤祐造等. 体力科学. 1993，42：101. 参考制作。

三、高血压

（一）高血压的定义

为了维持生命，氧气和营养素会被输送到身体的各个部位，而代谢产物和二氧化碳会被排出体外。承担这些工作的是血液，推动血液循环的原动力来自心脏收缩产生的压力。血压是指从心脏输送出来的血液在动脉内侧产生的压力。

血压=心脏跳动产生的能量（心输出量）×末梢血管阻力

按照这个公式，血流量和血管阻力（血管壁的弹力，血管的收缩舒张状态及血液的黏度）决定了血压。心脏通过反复的收缩和舒张将血液输送到末梢，因此血压会随着心脏的收缩、舒张而变化。而压力又会因身体部位不同而有所差异，动脉系统的压力很高，而静脉系统压力几乎为零。动脉的血压通过心脏收缩达到最高时称为高压（收缩压），通过心脏舒张达到最低时称为低压（舒张压）。一般情况下，高血压是指收缩压或舒张压（或两个都是）在慢性状态下高于正常值的状态。高血压病（高血压处于慢性持续的状态）在日本是患病率最高的疾病，若置之不理，有可能发展成脑卒中、心力衰竭、肾功能衰竭。2010 年的日本国民健康营养调查显示，30 岁以上高血压患者中男性60.0%，女性44.6%，且男性患者有增加的趋势（图 3.9）。

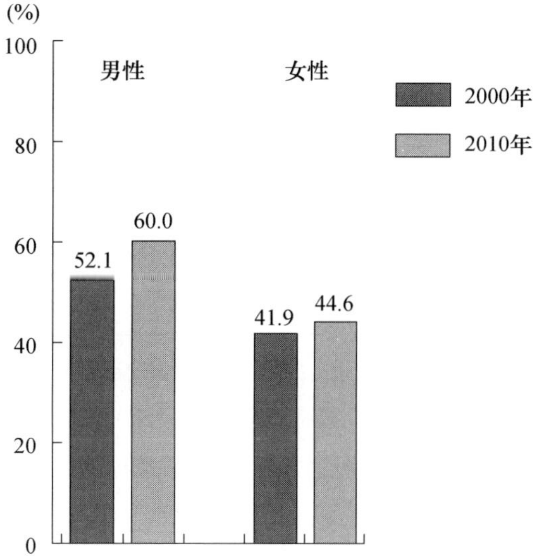

图 3.9　30 岁以上高血压患者的比例
（2000 年与 2010 年的比较）
资料来源：2010 年日本国民健康营养调查。

（二）高血压病的成因及类型

高血压分为原发性高血压和继发性高血压。几乎 90% 的高血压都是原发性高血压，其他为继发性高血压。继发性高血压是在明确高血压患病原因的前提下，高血压作为患病的一种外显症状。原发性高血压是不明病因的高血压，大多是从 40 岁左右开始血压渐渐上升，一般情况下没有什么症状表现，即使做各种检查，除了查出血压增高之外，并不能发现其他异常，有一定程度的遗传倾向，长此以往，会引发心脏、肾脏、大脑等重要器官的血管病变。

原发性高血压病的成因有以下几点：遗传因素、盐分的过量摄取（钠很容易贮藏）、压力大（交感神经容易紧张）、肥胖、运动不足、过度饮酒等；且相较于受单一因素影响，原发性高血压更被认为是受复合因素的影响导致。

（三）高血压的判定方法

根据 2009 年的“高血压治疗指南”，“正常血压”分为适宜血压、正常血压、正常高值血压 3 个阶段，“高血压”分为轻度高血压、中度高血压、重度高血压 3 个阶段（表 3.4）。收缩压不超过 120 毫米汞柱、舒张压低于 80 毫米汞柱是适宜血压，处于这一区间的血压值最不易引起心脏病和脑梗死；收缩压在 130～139 毫米汞柱、舒张压在 85～89 毫米汞柱的正常高值血压是在正常范围内最容易转变为高血压的血压值。

表 3.4　成年人的血压值分类

分类		收缩压（毫米汞柱）		舒张压（毫米汞柱）
正常血压	适宜血压	＜120	并且	＜80
	正常血压	＜130	并且	＜85
	正常高值血压	130～139	或者	85～89
高血压	Ⅰ度高血压（轻度）	140～159	或者	90～99
	Ⅱ度高血压（中度）	160～179	或者	100～109
	Ⅲ度高血压（重度）	≥180	或者	≥110
	（孤立性）收缩期高血压	≥140	并且	＜90

资料来源：日本高血压学会. 高血压治疗方针 2009. 生命科学，2009：14.

在医疗机构里让医生和护士测量血压，会因紧张等导致测得的血压值比在家中的测量结果要高。这就是人们常说的“白衣高血压”现象，所以应在家中处于不紧张的状态时测量血压，这样才能判断出是否是“白衣高血压”。测量时应使用上臂式血压计，测量前应至少保持15分钟的安静坐姿，而且要对同一胳膊进行测量。使用水银血压计的话，开始听到科罗特科夫音（Korotkoff Sound）时测得收缩压，逐渐听不到时测得舒张压。

（四）高血压并发症

患上轻度高血压时会出现头疼、流鼻血、耳鸣、眩晕等症状，但基本没有其他自觉症状，此时如果不定期进行体检、测量血压的话，则易转化为中度高血压和重度高血压。若长期持续处于高血压状态，便会损伤血管和器官，甚至发展为动脉硬化。高血压的治疗不能只局限于控制血压，防控并发症的产生才是其最终目的。高血压发展到最后，会损伤大脑、眼睛、心脏、肾脏、动脉这五处器官，这种损伤通常分为直接由高血压引起的和高血压导致动脉硬化而引起的。

科罗特科夫音

是指用充气袖带（专用带）绑住动脉，在放松时用听诊器听到的声音。袖带会给血管带来压力，使得血液流动紊乱。于是出现了用听诊器听科罗特科夫音来测量血压的方法。科罗特科夫音来源于尼古拉·科罗特科夫（俄罗斯军医）这个名字。

（五）体育运动与高血压

有关体质和血压的一个实验是以日本20～65岁的约3 000名男女为实验对象，按照推测最大摄氧量值的高低将男女各自分为5组，以研究其与高血压发病频率的关系。结果表明，与最大摄氧量最高人群相比，最大摄氧量最低人群高血压发病风险上升，男性约为2.8倍，女性约为2倍（图3.10）。由此看来，体质越差的人，高血压的发病风险越高；相反，体质水平越高的人，患高血压风险越低，从而可以得出进行日常身体活动能够有效预防高血压的结论。

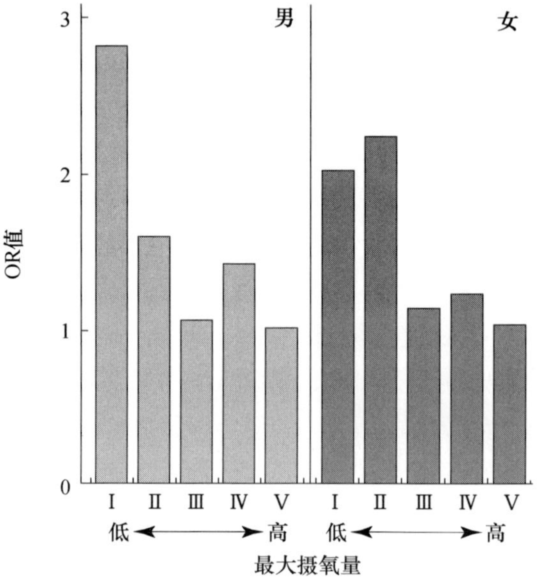

图 3.10　最大摄氧量和高血压发病率

练习题

在括号内填入恰当内容：

1. 皮下脂肪型肥胖和内脏脂肪型肥胖中，(　　　　　) 型肥胖与多种代谢异常有关。

2. 糖尿病的分类中，发病多见于小孩的为（　　　　　）型糖尿病，发病多见于成年人的为（　　　　　）型糖尿病。

3. 最大摄氧量越高，患糖尿病的可能性越（　　　　　），胰岛素敏感性越（　　　　　）。

4. 高血压分为（　　　　　）高血压与（　　　　　）高血压，一般被称为生活方式病的是（　　　　　）高血压。

第四章 运动流行病学基础

本章重点：

※以批判性视角看待生活中充斥的健康信息，并理解其重要性。

※学习流行病学与运动流行病学的定义与历史，理解其中的观点。

※通过学习流行病学的研究方法及其特征，提高对健康信息的理解和判断能力。

※了解体育运动及身体活动领域的健康政策、运动指南的制定都源于运动流行病学研究，并学习其中的案例。

2007年，日本某电视节目报道了“纳豆对减肥有效”的新闻，在全国各地引发了哄抢纳豆的骚动。此后，该节目组被发现发布虚假信息，该节目也因此被停播，这一场景至今令人记忆犹新。说起来，这一事件可以被视为现代社会的剪影，它反映出当下的人们对获取健康信息的渴望。然而，当今社会，各种信息泛滥我们每天都会从网络、电视、报纸、杂志等获取大量的信息，对于这些信息，我们不能囫囵吞枣，而是需要带着批判性的目光来审视。例如，在看到“平时不运动的人，患癌概率是正常运动人的1.2倍”的信息时，每个人的反应方式不同：此话究竟是谁说的？“1.2倍”这个数值与其他数据比较结果如何？重度吸烟者是否适用？我们对此类信息首先应持有怀疑态度，这是非常重要的。

所谓值得信赖的信息，可以说是“科学研究的成果”。不论是杂志上介绍的信息，还是名人在电视上说的信息，只要它们是科学研究的成果，就可以被认为是值得信赖的信息。近年来，在医疗与健康科学领域，这些科学性成果被称为是“科学的根据”或是“证据（evidence）”，基于证据而进行的判断被称为“基于证据的科学（evidence-based）”。在理解健康科学领域的证据时，掌握流行病学领域的知识是十分必要的。

本章以正确理解社会中充斥着的健康相关信息，尤其是体育运动与身体活动领域的信息，同时指导者能够合理使用这些信息为目的，解读运动流行病学的基础。当然，由于本章介绍的内容都是基础，所以如果您对本章相关内容感兴趣，可以进一步阅读流行病学相关书籍。

一、什么是运动流行病学？

（一）流行病学与运动流行病学的定义

流行病学的英文是epidemiology。epi的意思是“在……上面”，demi的意思是“民众”，ology的意思是“学问”，合在一起即为“明确在民众身上发生了什么问题的学问”。流行病学的定义是“了解人群健康状态及其相关要素分布的学科”，其目的包括：①疾病的预防；②寿命的延长；③生活质量的提升这3点。

一直以来，流行病学都是一门研究传染病的传播途径的学科。然而到了现代，随着生活方式病等慢性疾病的蔓延，流行病学的研究领域也得到了进一步的扩展，长寿流行病学、健康促进流行病学及运动流行病学等领域都呈现出欣欣向荣之势。在这样的时代背景下，运动流行病学被进一步定义为“以全人类为对象，对体育运动和身体活动与疾病的发生、老化进程，及生活质量之间的联系进行全面考察的学科”。

（二）流行病学的开始

关于流行病学的历史，目前普遍认为其开始的标志是对 1850 年左右在伦敦传播的霍乱进行的研究。在当时，霍乱被认为是一种通过空气传播的可怕疾病。然而，原是麻醉科医生的斯诺（J. Snow）通过将患者的居住地在地图上进行细致的标记，做出了霍乱的肆虐源自布劳德大街上的一口水井的判断（图 4.1）。根据他的判断，英国政府对这口水井实施了封锁，从而控制住了霍乱的传播。

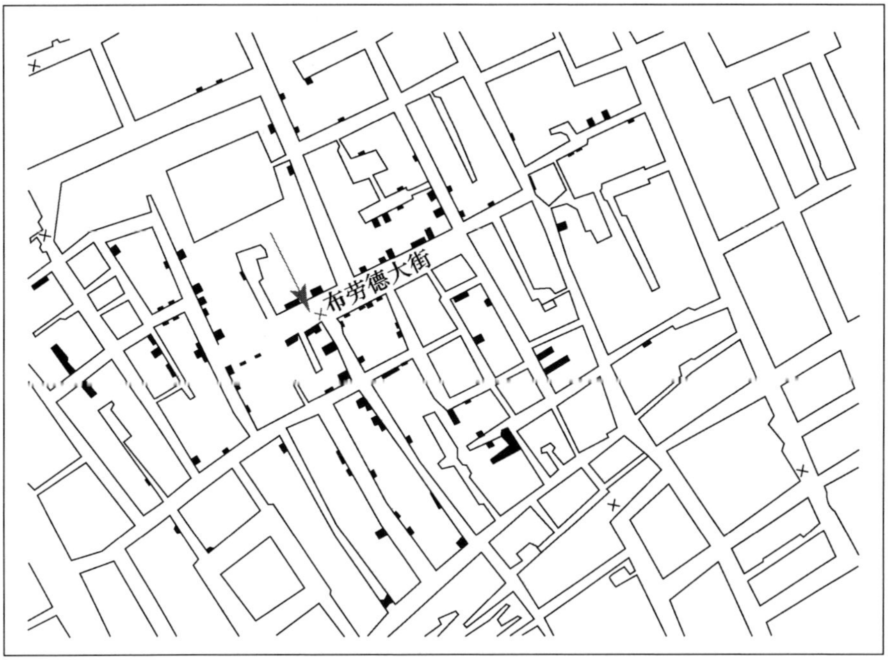

图 4.1　根据斯诺的调查结果得出的霍乱患者分布图

注：黑色柱状体的长度代表患者数量，可以看到以布劳德大街的水井处（箭头所指处）为中心的地区患者数量最多。

值得注意的是，此时距离 1883 年科赫（R. Koch）首次发现霍乱的病原霍乱弧菌还有 30 年左右的时间。也就是说，斯诺的流行病学研究表明，即使是在病原体尚不明确的情况下，仍然可以通过找出传染源及传播途径来控制传染病的扩散。在现代社会中，流行病学研究仍具备这样的特征，即“即使原因与结果之间的机制尚未明确，但仍能提供针对该疾病的预防对策”。

（三）运动流行病学的开始

1953 年，英国科学家莫里斯（J.N. Morris）发表了一篇论文，文中指出运动不足会影响人的健康。该论文可以说是运动流行病学的起点。

论文的研究对象是伦敦某巴士公司的驾驶员和乘务员及电话转接员和邮件配送员，根据研究对象各自的职业特征，乘务员和邮件配送员属于“活动人群”，驾驶员和电话转接员属于“非活动人群”（图 4.2）。从研究结果来看，“活动人群”的心绞痛患病率较高，但是发病 3 个月内冠状动脉粥样硬化疾病死亡率及两者的合计值较高的则是“非活动人群”（图 4.3）。在该论文发表后，比起身体活动较少的从业者及日常不做运动的人，身体活动较多的从业者以及日常参与体育运动的人，心脏疾病发病率较低的研究开始如雨后春笋般出现。1961 年，克劳斯（H. Kraus）和拉布（W. Raab）将这些论文汇总后，发表了著作《运动不足病》（*Hypokinetic Disease*），使更多的人开始了解慢性运动不足会增加患心脏疾病的风险。

莫里斯在进行研究时发现，乘客登上双层巴士后，乘务员会在车内来回走动收取车费。由于巴士有两层，乘务员需要进行大范围的移动，相较于坐着不动的驾驶员，乘务员的日常身体活动量可以说是大大多于驾驶员。

图 4.2 伦敦的双层巴士

资料来源：松村浩贵氏（兵库县立大学）

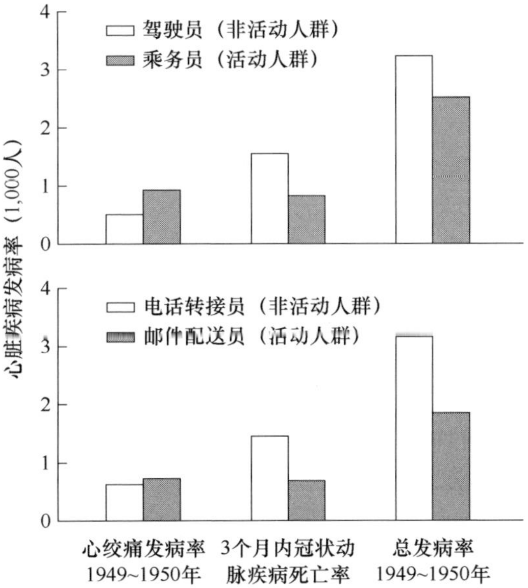

上：巴士公司的驾驶员和乘务员；下：电话转接员和邮件配送员。

图 4.3 从不同职业看心脏疾病的发病率

资料来源：Morris et al. Coronary heart-disease and physical activity of work，*Lancet*. 1953，265：1111. 有改动。

二、流行病学的研究设计

现代的流行病学研究方法（设计）可以说是多种多样，主要分类方式如表 4.1 所示。

表 4.1　流行病学研究的种类

研究方法	研究对象	时间性视点	有无人为因素的干预
观察研究：在不添加任何人为操作的前提下，仅通过观察来研究与暴露因素的关系，明确其频度、分布和关联的研究方法。			无
描述流行病学	人群	时间断面的・回顾性	
分析流行病学			
生态学研究	人群	时间断面的	
横断面研究	个人	时间断面的（现在）	
病例对照研究		回顾性（过去）	
队列研究		前瞻性（未来）	
干预研究：通过添加或去除人为因素，用实验的方式确认在人为操作前后，疾病的发生和治疗后情况变化的方法。		前瞻性	有
随机对照试验			
非随机对照试验			

资料来源：佐佐木敏. 简单易懂的 EBN 和营养流行病学. 同文书院，2005：51. 有改动。

人为因素的干预是指为了判断某些因素是否对结果有影响，通过运动、饮食指导、服用药物等人工措施来查明。

流行病学研究可根据有无人为因素的干预分为观察研究（Observation Study）和干预研究（Intervention Study）这两大类别。观察研究又可分为描述流行病学研究（Descriptive Epidemiology）、生态学研究（Ecological Study）、横断面研究（Cross-sectional Study）、病例对照研究（Case-control Study）、队列研究（Cohort Study）。从生态学研究到队列研究可统称为分析流行病学研究（Analytic Epidemiology），其目的是明确与疾病原因之间的关联性，从而推理出因果关系。干预研究可分为随机对照试验（Randomized Controlled Trial）和非随机对照试验（Non-randomized Controlled Trial）。

因这些研究方法和研究规模有所差异，研究结果的可信度和研究实施的难易程度也各不相同。实施起来越困难的研究，其可信度趋高；相反，越容易实施的研究，其可信度趋低。一般来说，随机对照试验的可信度最高，其次是队列研究，病例对照研究和横断面研究的可信度相对较低。

接下来将会介绍在运动流行病学的研究中主要使用的几个研究设计。

（一）描述流行病学研究

描述流行病学研究是指通过描述事实来展现疾病产生模式的特征，以得出有关疾病发生原因的假说为目的。本章前面介绍的斯诺关于霍乱的研究，以及第一章中介绍的死亡率等，都是描述流行病学研究的代表案例。

（二）横断面研究

横断面研究是以个人为单位，同时测定原因（与假定的要素）和结果（与假定的要素），并研究两者之间的关联研究方法。横断面研究在运动流行病学的领域中也得到广泛应用。但由于横断面研究同时进行原因和结果调查，所以具有无法准确区分出哪个是原因、哪个是结果的缺陷。因此，可以结合包括实验研究在内的其他研究结果做出判断，然后选择其中判定为正确的解释。

知道了会很有用！

零假设（原假设）

在统计学中，一切都是从“假设”开始的。所谓假设，就是指先建立一个“是……”的假说，然后再肯定或否定的方法。而这个假设是要建立一个“没有误差”的假说，即“零假设”。为什么一开始就要建立零假设呢？因为如果是一个“有误差”的假说，那么就会存在无限的“大的—中等的—小的误差”。而要对这些近乎无限的假设进行一一检验，事实上几乎是不可能的。与此相对，在零假设中，因为“没有误差”，所以只有肯定和否定两种结果。

（三）病例对照研究

病例对照研究是通过追溯过去来进行调查的研究方法。首先，把已患病人群作为实验组，然后将具有相似要素（如性别、年龄相同）的人群选为对照组。接下来，在选定原因和假定要素后，调查比较实验组和对照组在患病前的状态。这样的研究方式也被称为回顾性研究（Retrospective Study）。由于该研究方式是通过收集过去的因素来进行调查，所以存在无法做出正确评价的风险。

（四）队列研究

队列研究的队列（Cohort）原本是指古罗马的步兵队，在流行病学的领域中，则是指在统计学上拥有共同特征的人群。队列研究是一种对同类人群“先调查原因，再等待结果出现”的研究方法（图 4.4），因此也被称为追踪研究（Follow-up Study）、前瞻性研究（Prospective Study）。之前介绍的莫里斯的研究就是一个追踪时间为 2 年的队列研究。在大多数情况下，队列研究的结果可通过一个称为相对危险度（Relative Risk）的指标呈现出来。例如，我们经常听到“某某会导致患癌概率是其他的 2 倍”的说法，就是计算相对危险度的结果。

使用假想数据的简单的例子如图 4.5、图 4.6 所示。以健康人为实验对象，分为运动人群和非运动人群。调查 10 年后患上某种疾病的人和依然健康的人的数量。通过比较运动人群的发病率和非运动人群的发病率，就可以计算相对危险度。

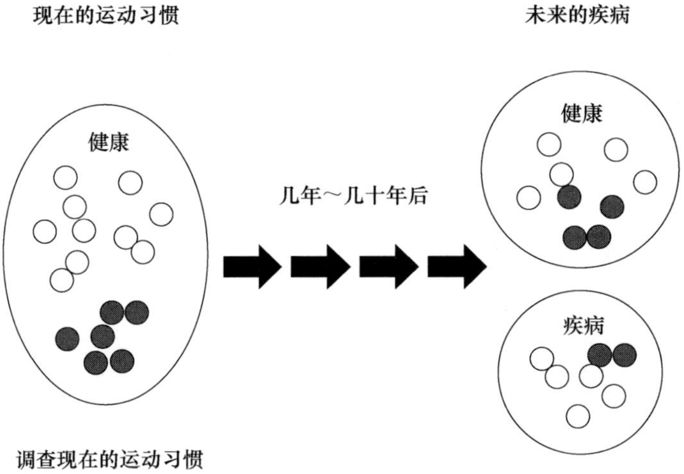

图 4.4　队列研究的概念

资料来源：佐佐木敏. 简单易懂的 EBN 和营养流行病学. 同文书院，2005：62. 有改动。

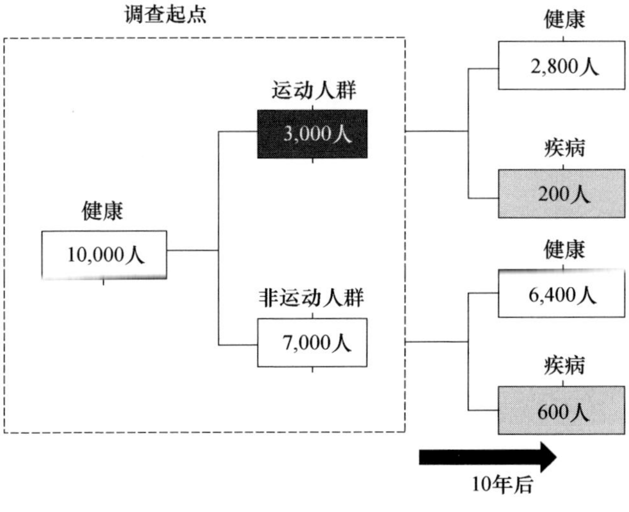

图 4.5　队列研究的例子：运动习惯与疾病发生的关联（假想数据）

资料来源：佐佐木敏. 简单易懂的 EBN 和营养流行病学. 同文书院，2005：63. 有改动。

知道了会很有用！

假说的“采用”和“放弃”

对一个假说做出肯定的判断被称为“采用”，做出否定的判断则被称为“放弃”。如果零假设被采用了，则可以得出的结论为“没有差异”；反之，如果被放弃了，得出的结论就是“不能说没有差异”，也就是“存在差异”。在论文的图表中，经常会出现“$p<0.05$”或“$p<0.01$”等数据。这里的“p”是“probability（概率）”的首字母，代表零假设被采用的概率，也就是“出现没有差异的情况的概率”。在统计学中，事先确定的可允许作为判断界限的小概率标准被称为“显著性水平”。一般情况下，使用5%的时候比较多。“$p<0.05$”代表“在统计学上存在显著性差异”。

		患病		
		有	无	合计
要素	暴露人群	A	B	A+B
	非暴露人群	C	D	C+D

有运动的（暴露）人群的患病风险＝A÷（A+B）

没有运动的（非暴露）人群的患病风险＝C÷（C+D）

相对危险（度）＝［A÷（A+B）］÷［C÷（C+D）］

	患病	健康	合计	患病风险
运动人群	200	2 800	3 000	0.0667
非运动人群	600	6 400	7 000	0.0857

相对危险（度）＝0.778，也就是说，运动习惯可以降低患病的风险。

图 4.6　队列研究中相对危险度的计算方法（右面的表是假想数据）

注：在流行病学的领域中，凸显某个要素被称为暴露。在这个例子中，目的是检验运动的效果，因此运动人群就是暴露人群。

（五）干预研究

干预研究是指对实验人群采取某些措施，进而检验该干预措施效果的研究方法。干预研究的目的是通过对分析流行病学等研究中存在因果关系的要素进行有目的的实验，检验要素与结果之间的关联性。为了能够正确地检验干预的效果，需要设置不施加干预的群体［叫作对照组或者控制组（Control Group）］，这种比较干预组和对照组的方法称为比较试验（Controlled Trial），是干预研究的基本方法（图 4.7）。随机分组是将一个群体随机分为两组（或以上），其中一组作为干预组，另一组作为对照组，通过这样的方法进行的干预研究叫作随机分组比较试验。

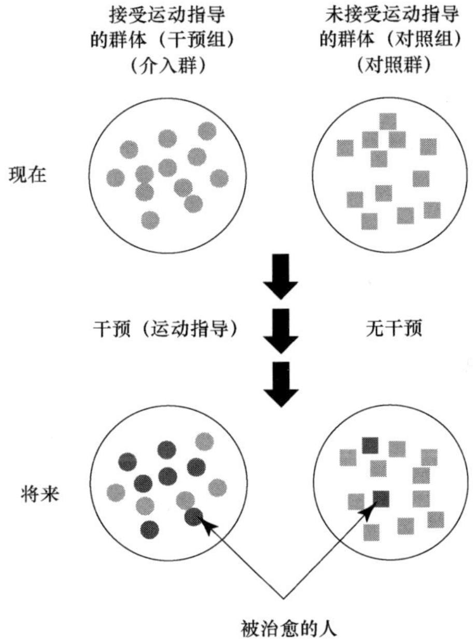

图 4.7 干预研究的概念

资料来源：佐佐木敏. 简单易懂的 EBN 和营养流行病学. 同文书院，2005：69. 有改动。

三、运动流行病学案例

目前，运动流行病学研究的成果表明，人的身体健康状况受体育运动与身体活动的影响。这些成果成为政府制定健康促进政策与健康指南的基础。在这里将介绍几个具有代表性的运动流行病学案例。

（一）哈佛大学毕业生的研究

历史上著名的一项队列研究是由巴芬勃格尔（R. Paffenbarger）等人发起的。其发布的报告是以 16 936 名哈佛大学毕业生为研究对象，研究这些毕业生在校期间和毕业后的生活习惯对各类疾病的发病率和死亡率的影响（The Harvard Alumni Health Study）。根据研究中对身体活动量与心脏病发作导致的死亡率的分析结果，一周内的身体活动量“不足 2 000 千卡”的人与“2 000 千卡以上”的人相比，两者的心脏病发作率存在明显的差异（图 4.8）。

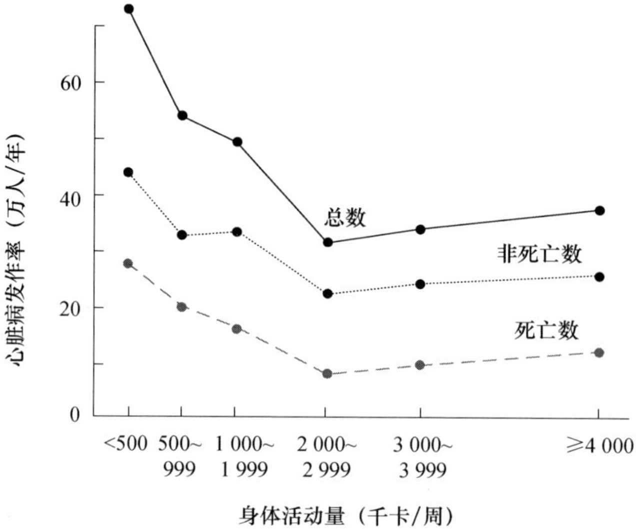

图 4.8　身体活动量和心脏病发作率的关系

资料来源：R.S.Paffenbarger，et al. Physical activity as an index of heart attack risk in college alumni. *Am. J. Epidemiol*，1978，108：161. 有改动

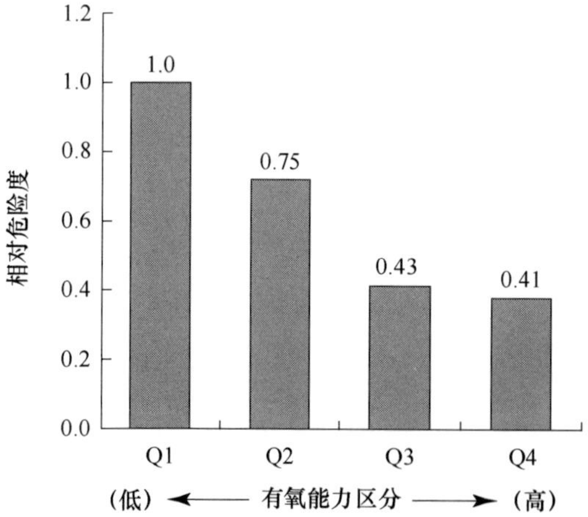

图 4.9　有氧能力和患癌死亡的关系

资料来源：Sawada, et al. Cardiorespiratory fitness and cancer mortality in Japanese men:a prospective study. *Med. Sci. Sports Exerc.*，2003，35：1546. 有改动

（二）东京煤气公司的研究

一项以 9 039 名男性为研究对象并平均追踪了 16 年的队列研究得出了一份有氧能力与患癌死亡率的关系的报告（图 4.9）。首先对受试者进行运动负荷测试，测出其最大摄氧量（$\dot{V}O_2max$），然后据此将受试者分为 4 组，以“有氧能力最低组”为基准，计算其他组的患癌死亡的相对危险度。研究发现，随着有氧能力的提高，患癌死亡的相对危险度明显降低，两者之间存

在着明确关系。此项研究结果显示，与欧美人不同，日本人在很多身体部位患癌症而死亡的概率较大，但通过保持并提高有氧能力来预防患癌死亡的可能性非常大。

（三）日本国立癌症研究中心开展的综合性队列研究

日本国立癌症研究中心在 1990 年和 1993 年以日本 11 个地区的保健所管辖范围内居住的 40～69 岁女性共计 5 万人为对象，进行了与生活习惯相关的问卷调查（JPHC Study）。根据研究开始时和 5 年后得到的问卷调查结果，以及参加闲暇运动（工作之余的体育运动）的频率，将所有人分成 3 组，即“每月 3 次以内”“每周 1～2 次”“每周 3 次以上”，然后又按照一天的“身体活动总量”，即代谢当量（Metabolic Equivalents，METs）乘以运动时间（代谢当量×时间）得出的换算单位，将每组进行三等分，得出了如下结果。与截止到 2007 年的乳腺癌发病率相比，在平均 14.5 年的追踪期间内，53 576 人中有 652 人患上了乳腺癌。其中，与参加闲暇运动“每月 3 次以内”组相比，“每周 3 次以上”组患乳腺癌的风险降低（图 4.10）。虽然目前尚不清楚进行运动预防乳腺癌的详细机制，但这项研究与国际社会的评价是一致的：在日本人中，积极参加闲暇运动的人与不运动的人相比，更不易患上乳腺癌。

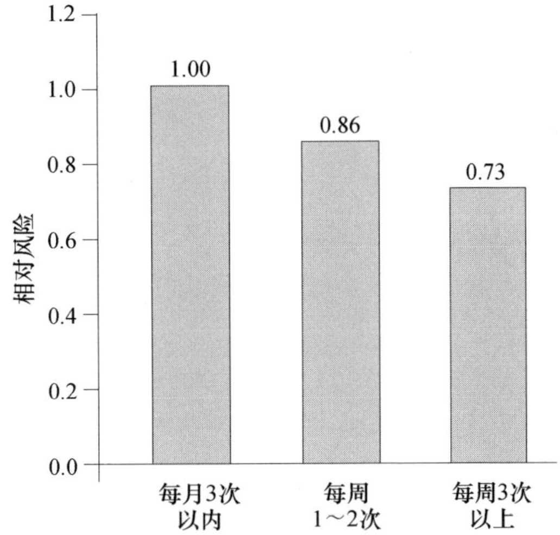

图 4.10 闲暇运动的参加频率和乳腺癌患病率的关系

资料来源：国立癌症研究中心，“综合性队列研究 2011”。

（四）为了制定“基于健康促进的运动基准（2006）——身体活动·运动·体质”而展开的系统性审查

系统综述（Systemic Review）是文献研究的一种，是指将满足一定水准、与某主题相关的高质量研究论文的数据汇总后，进行综合性探讨。2006 年，日本厚生劳动省颁布的“基于健康促进的运动基准（2006）——身体活动·运动·体质”（以下简称为“运动基准”），就是按照图 4.11 的检索方法和选择标准得出的系统综述汇总而成。在此将制定运动基准时所采用的其中一个文献结果作为例子进行介绍。

1）检索方法

①作为对象的数据库：Pub Med[1)]和医学中央杂志[2)]

②作为对象的期间：2005 年 4 月 11 日为止

③检索方式：在 Med Line 中，是（“physical activity” OR exercise OR “physical training” OR fitness）AND（随疾病选择）AND（follow OR observation OR longitudinal OR retrospective）

④检索限制：human（以人为对象的研究）

⑤作为对象的报告：论文原著

⑥年龄：从学龄期（6 岁以上）到老年期

⑦作为对象的生活方式病等：由肥胖、高血压、高血脂、糖尿病、脑血管疾病、循环系统疾病导致的死亡、骨质疏松、ADL 等

2）选择标准

①对原则上没有患重度疾病的人（健康的人，或者是有轻度症状但还能运动的人）进行观察，然后将死亡率和发病率分别按照身体活动·运动量和体质的不同进行分析、研究

②按照定量的方法，对评价有关身体活动·运动量的信息（种类·强度·时间：分/周或者分/天，频率：次/周）进行研究。没有这类信息时，从“种类·强度和分/周”中得出数据再计算也可以

③按照定量的方法，对测量有关体质的信息进行研究

④对身体活动·运动量和体质进行分组或区分，截止线的设定是理论性研究

⑤对身体活动·运动的单独效果进行分析［对除身体活动·运动以外的因素（性别、年龄、吸烟、代谢性危险因子……）进行统计］的研究

⑥用分析法和测量精度等判断对象者的人数

1）Pub Med：美国国立医学图书馆运营的医学领域研究论文的检索服务。

2）医学中央杂志：NPO 医学中央杂志刊行会制作的数据库，收录了日本国内公开发表的医学领域研究论文，现在还提供在线检索服务。

图 4.11　制定“基于健康促进的运动基准（2006）——身体活动·运动·体质”时用到的系统综述方法

资料来源：劳动和社会保障部运动所需量·运动指南的制定研讨会．基于健康促进的运动基准（2006）——身体活动·运动·体质．2006：16–17．由著者制作。

图 4.12 所示的研究是以 1 960 名健康的挪威男性（40～59 岁）为对象，研究开始时以测量的 $\dot{V}O_2max$ 值为基准，将研究对象按照同样的人数分为 4 组，然后对此后 16 年的累积死亡率进行调查，结果如图 4.12 所示。将 $\dot{V}O_2max$ 最低组作为对照，会发现 $\dot{V}O_2max$ 高组和较高组在这 16 年的累积死亡率明显偏低。

在这个研究中，较高组和较低组的分界线是以 $\dot{V}O_2$ max 值［35.6 毫升/（千克 • 分$^{-1}$)］为基准，此数值是循环系统疾病导致死亡风险的最低值。同时研究也计算出了基准线中研究对象的年龄中间值（49 岁）和平均年龄。因为全身耐力的评价方法因研究不同而有所差别，所以全身耐力的数值取自于文献，然后全部换算成体重对应的 $\dot{V}O_2max$ 。概括地说，研究的结论是 49 岁时 $\dot{V}O_2max$ 在 35.6 毫升/（千克 • 分$^{-1}$）以上的人患循环系统疾病的死亡率，是不足此数值的人的 45%或 41%。

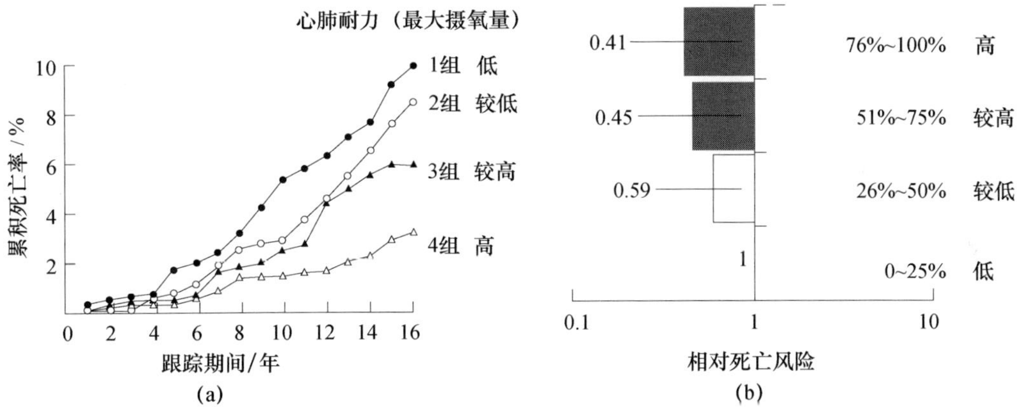

图 4.12　心肺耐力（最大摄氧量）和循环系统疾病导致的累积死亡率

资料来源：Sandvik, et al. *N. Engl. J. Med.* 1993，328：533. 有改动。

通过对文献进行深入研究可知，年龄、性别不同，$\dot{V}O_2max$ 基准值和分布范围不同（表 4.2）。在这个范围中，至少有一项研究能够明确 $\dot{V}O_2max$ 有预防生活方式病的效果。除去不同性别、年龄间的最低值和最高值，设定能够预防生活方式病的适当的 $\dot{V}O_2max$ 基准值，然后得出不同年龄、性别的平均值。同时在运动指南中公布预防生活方式病所必须达到的 $\dot{V}O_2max$ 基准。

表 4.2 按照年龄、性别不同所规定的预防生活方式病所必需的 $\dot{V}O_2max$ 基准值和分布范围

单位：毫升/（千克·分$^{-1}$）

	20 岁以上	30 岁以上	40 岁以上	50 岁以上	60 岁以上
男性	40 33～47	38 31～45	37 30～45	34 26～45	33 25～41
女性	33 27～38	32 27～36	31 26～33	29 26～32	28 26～30

练习题

在括号内填入恰当内容：

1. 流行病学研究特征为（　　　）与（　　　）之间的机制尚未明确，但仍能提供针对该疾病的（　　　）对策。

2. 因流行病学研究（　　　）和研究（　　　）有所差异，研究结果的可信度和研究实施的难易程度也各不相同。

第五章　健康促进政策实施

本章重点：

※了解日本政府实施的健康促进政策的变迁，并由此了解体育运动与身体活动的重要性。

※深刻理解运动指导者培养、健康促进设施的普及、运动治疗的医疗费减免、《健康促进法》的制定等关于健康促进政策的实施制度。

※理解自2000年开始实施的第三次健康促进政策——“健康日本21”的概要和成果。

※学习美国、英国、新加坡等国的健康促进的政策，了解世界动向。

1946年，联合国（United Nations，UN）通过了《世界卫生组织宪章》，WHO在世界范围内开展健康战略。当时的日本也实施了改善营养、促进健康政策，但日本政府正式实施国民健康促进政策是从1978年开始的（图5.1）。现在，各国都针对本国的社会、经济、历史状况推进健康促进政策的实施。

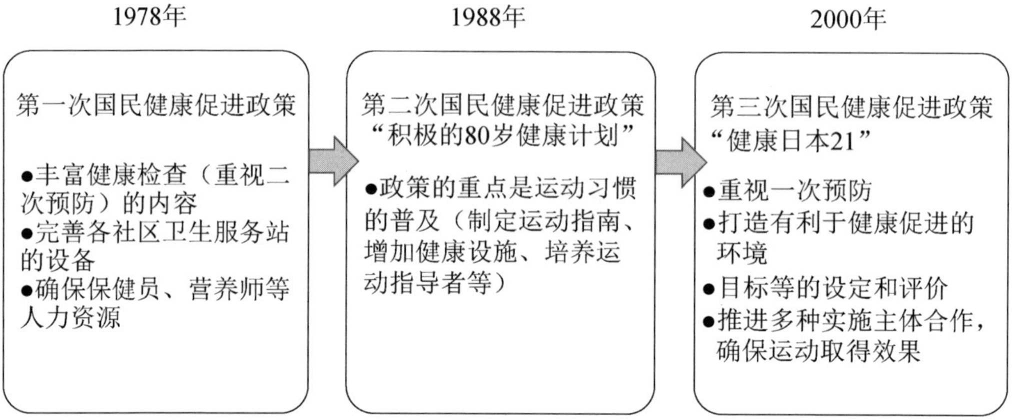

图5.1　日本国民健康促进政策的变迁

本章将对日本和其他国家实施的健康促进政策，特别是运动、身体活动领域的政策进行解释说明。

一、日本的健康促进政策

（一）日本健康促进政策的变迁

日本自1978年开始实施第一次国民健康促进政策，倡导将健康促进贯穿终生，其目的是确立从婴幼儿到老年人都要进行健康检查的健康指导制度。为此，政府设置了大量的社区卫生服务站，比起一级预防（预防发病），更注重二级预防（早发现、早治疗）。

接着，1988年日本开始实施第二次国民健康促进政策（“积极的80岁健康计划”），在继续推行第一次国民健康促进政策的同时，开始实施以一级预防为中心的政策。确定营养、运动、休息为健康促进的三大支柱，其中以运动为重点展开工作，并开始将健康增进设施的认定制度及健康运动指导员、健康运动实践指导者等运动指导者的认定工作上升为国家政策。这一系列措施虽然取得了一定的成果，但不能充分评价国民健康状况的改善情况，对之后政策的修订也很难发挥相应的作用。

于是，以上述问题为基础，日本在 2000 年制定了第三次国民健康促进政策——21 世纪国民健康促进运动“健康日本 21”，并根据目标值进行评价。到了 2002 年，日本继续积极推进以“健康日本 21”为中心的国民健康促进政策及疾病预防方法，并在法律层面颁布了《健康促进法》（表 5.1）。

表 5.1　关于运动、身体活动的国家政策的变迁

1978 年	第一次国民健康促进政策
1988 年	第二次国民健康促进政策（“积极的 80 岁健康计划”） 制定“健康增进设施认定制度” 运动指导者认定工作
1989 年	“基于健康促进的运动所需量”
1992 年	运动治疗的医疗费减免制度
1993 年	基于健康促进的运动指南
1997 年	健康促进的不同年龄、对象的身体活动指南
2000 年	21 世纪国民健康促进运动“健康日本 21”
2002 年	颁布《健康促进法》
2006 年	“基于健康促进的运动基准（2006）——身体活动・运动・体质” “基于健康促进的运动指南（2006）——为了预防生活方式病” [“练习导向（2006）”]
2012 年	发布下一次“国民健康促进政策”的概要

资料来源：高宫等. 体育的科学. 2010，60（8）：521.有改动。

（二）制定“健康增进设施认定制度”

1988 年，日本厚生劳动省制定了“健康增进设施认定制度”，其目的在于推进国民健康促进，对符合要求的设施进行认定以将其普及。认定的设施有具备训练功能的运动型健康增进器械和利用温泉的温泉利用型健康增进设施等。

现在，日本健康运动联盟将其认定为一项事业在推进，若满足一定条件，认定设施使用费还可以作为医疗费用得到减免。

（三）运动指导者认定工作

为了让健康促进运动得以实现，指导者是十分必要的。于是厚生劳动省大臣推出了一项认定工作，分别从 1988 年和 1989 年开始培养健康运动指导员和健康运动实践指导者。至 2006 年，健康促进与健身基金会将其作为独立事业继续开展下去。

知道了会很有用！

健康运动指导员和健康运动实践指导者

健康运动指导员、健康运动实践指导者是日本第二次国民健康促进政策（“积极的 80 岁健康计划”）中提到的一项，由此开始培养担任健康·体力促进运动的指导者。从 2009 年 4 月起，财团法人健康·体力促进事业财团已将其认定为一项事业在推进，已有 38 000 人活跃在日本的健身俱乐部、医院、保健中心等地。

（四）“基于健康促进的运动所需量”

1989 年日本规定了“基于健康促进的运动所需量”，即在保持健康的前提下所需运动量的标准。当时，根据临床及流行病学的研究结果，全身耐力超出一定水平的人，其高血压、高血脂（血脂异常）、缺血性心脏病的患病风险较低。健康促进运动作为有氧运动，对于全身耐力的衡量指标——最大摄氧量（$\dot{V}O_2max$）的维持和增加都有帮助。因此，日本规定了运动的所需量，并基于科学方法，设定了不同性别、年龄的 $\dot{V}O_2max$ 维持目标，为了实现并维持此目标，在对安全方面加以考虑的基础上，将 $\dot{V}O_2max$ 50%左右的强度定为健康促进的运动强度。另外也规定了不同年龄阶段的一周运动时间总量和目标心率。

（五）运动治疗的医疗费减免制度

1992 年，在健康检查的结果中出现高血压和高血脂等疾病时，若需要运动疗法，医生就会把运动疗法的处方写给患者。如果患者能出示证明，说明自己是在厚生劳动省指定的运动设施上做运动的话，申请通过后还能获得医药费的减免。在税制方面，运动与用药同被视为治疗。

（六）基于健康促进的运动指南

1993 年，随着运动的进一步普及，人们愈发喜欢运动。为了创造愉快、健康的生活，日本政府制定了“基于健康促进的运动指南”，其中有“从走路开始吧”“一日目标是 30 分钟”等简单易懂的内容，旨在普及体育运动和身体活动。

（七）将“成人病”改名为“生活方式病”

以前生活方式病叫作“成人病”（1957 年的行政用语）。这一用语是以年龄增长为最主要因素。但之后，因为人们的生活习惯发生了翻天覆地的变化，成人病的症状越来越多地显现在年轻人身上，因此在 1996 年，日本厚生劳动省将成人病改名为生活方式病，其具体定义是“由饮食、运动习惯、作息、吸烟、饮酒等生活习惯引发的并恶化的综合病症”。这一改变旨在让国民意识到改善生活习惯可预防疾病。

（八）21 世纪国民健康促进运动“健康日本 21”

为了让所有国民都能拥有健康、充实的生活，营造充满活力的社会，实现壮年期死亡率降低、健康寿命延长及生活质量提升的目标，日本从 2000 年开始实施 21 世纪国民健康促进运动“健康日本 21”（图 5.2）。起初的计划是将“健康日本 21”进行至 2010 年，在 2005 年时做一次中期评价。虽然起初计划在 2010 年时得出最终评价，但为了完成与医疗费合理化计划的整合，此计划延长至 2013 年，因此实际的政策推行时间又延长了 3 年。

图 5.2 "健康日本 21"的形象图

资料来源：日本健康促进与健身基金会。

为了实现设定的目标，"健康日本 21"选定了与癌症、心脏病、脑血管病、糖尿病等生活方式病及其引发的疾病等与改善生活习惯相关的主题，为"营养与饮食生活""体育运动与身体活动""休养与心理健康促进""吸烟""饮酒""牙齿健康""糖尿病""循环系统疾病""癌症"这 9 个领域共计 70 个项目设立了具体的数值目标并予以实施（图 5.3）。在体育运动与身体活动领域，对日常生活中对待身体活动的认知与态度、一日步数，以及有运动习惯者，都设立了具体目标（表 5.2）。

图 5.3 "健康日本 21"目标设定的 9 个领域

资料来源：日本健康促进与健身基金会。

表 5.2 “健康日本 21”中与身体活动·运动有关的目标值和评价

项目		目标	对象	制定时的基准线	目标值	实际值	评价[5]
1 营养（饮食生活）		1.1 能够保持标准体重的人在增加[1]	儿童/学生中的肥胖者 20～30 岁身材偏瘦的女性 20～60 岁的男性肥胖人群 40～60 岁的女性肥胖人群	10.7% 23.3% 24.3% 25.2%	7%以下 15%以下 15%以下 20%以下	9.2% 22.3% 31.7% 21.8%	C
		1.2 知道自己的标准体重，能够控制体重的人在增加	男性（15 岁以上） 女性（15 岁以上）	62.6% 80.1%	90%以上 90%以上	67.7% 76.3%	C
2 身体活动（运动）	成人	2.1 有意识地去运动的人在增加[2]	男性 女性	51.8% 53.1%	63%以上 63%以上	58.7% 60.5%	B
		2.2 日常生活中步数的增加	男性 女性	8,202 步 7,282 步	9,200 步以上 8,300 步以上	7,243 步 6,431 步	D
		2.3 运动习惯的培养[3]	男性 女性	28.6% 24.6%	39%以上 35%以上	32.2% 27.0%	C
	老年人	2.4 对于外出持积极态度的人在增加[4]	男性（60 岁以上） 女性（60 岁以上） 80 岁以上（全体人群）	59.8% 59.4% 46.3%	70%以上 70%以上 56%以上	74.7% 71.4% 58.3%	A
		2.5 从事多种地区活动的人在增加	男性（60 岁以上） 女性（60 岁以上）	48.3% 39.7%	58%以上 50%以上	64.0% 55.1%	A
		2.6 日常生活中步数的增加	男性（70 岁以上） 女性（70 岁以上）	5,436 步 4,604 步	6,700 步以上 5,900 步以上	4,707 步 3,797 步	D

注：① 儿童及学生肥胖的判定：体重比标准体重多 20%以上。BMI 不满 18.5 是消瘦，高于 25 是肥胖。
② 在日常生活中，为了保持健康而有意识地去活动身体的人。
③ 1 次运动 30 分钟以上、一周运动 2 次，且坚持 1 年以上的人。
④ 包括在日常生活中外出购物和散步等，能意识到“是自己愿意外出”的人。
⑤ A：达到目标值。B：虽然没有达到目标值，但有改善的倾向。C：没有改变。D：情况有所恶化。E：无法评价。
资料来源：2011 年日本厚生劳动省公布的资料。

（九）《健康促进法》概述

2002 年，为了进一步推进以“健康日本 21”为核心的国民健康促进与疾病预防的实施，同时为其提供相应的法律保障，日本颁布了《健康促进法》。这项法律指出，自觉地关注自身健康状态并努力提高健康水平是国民义务；同时，国家及地方的公共团体、企业等也有义务支援国民的健康促进工作。此外，此项法律还规定了国民健康营养调查、保健指导、特定校餐设施、营养摄入基准等。同时这也是首次将防止非吸烟者吸入二手烟的被动吸烟明文写进法律，明确了公共设施管理者的职责。

（十）“基于健康促进的运动基准（2006）——身体活动・运动・体质”和“基于健康促进的运动指南（2006）——为了预防生活方式病”［“练习导向（2006）”］

1989 年颁布的“基于健康促进的运动所需量”主要是以冠状动脉粥样硬化疾病患者为对象制定的。15 年之后，因糖尿病患者数量增加，需要对其进行修改。而且随着对运动流行病学研究的深入，人们的视角也发生了改变，从通过运动提高体质转向了通过增加体育运动与身体活动来预防疾病、促进健康。

图 5.4　日本厚生劳动省制作的海报

注：2005 年，日本厚生劳动省为了应对生活方式病，设计了“一是运动，二是合理饮食、禁烟，最后才是吃药”标语，推荐运动和身体活动是最优先项目。

日本厚生劳动省从 2005 年开始提出了“一是运动，二是合理饮食、禁烟，最后才是吃药”的口号，推动了通过增加体育运动与身体活动来改善生活方式病的政策的进一步实施（图 5.4）。到了 2006 年，为了预防生活方式病，日本将体育运动与身体活动及体质的基准值汇总为“基于健康促进的运动基准（2006）——身体活动·运动·体质”（以下简称“运动基准”）；之后发布了“基于健康促进的运动指南（2006）——为了预防生活方式病”[“练习导向（2006）”]（以下简称“运动指南”）（图 5.5、图 5.6），将运动基准通过简洁易懂的口号体现出来。

图 5.5　提高心肺耐力的运动——健步走的正确姿势

资料来源：“基于健康促进的运动指南（2006）——为了预防生活方式病”。

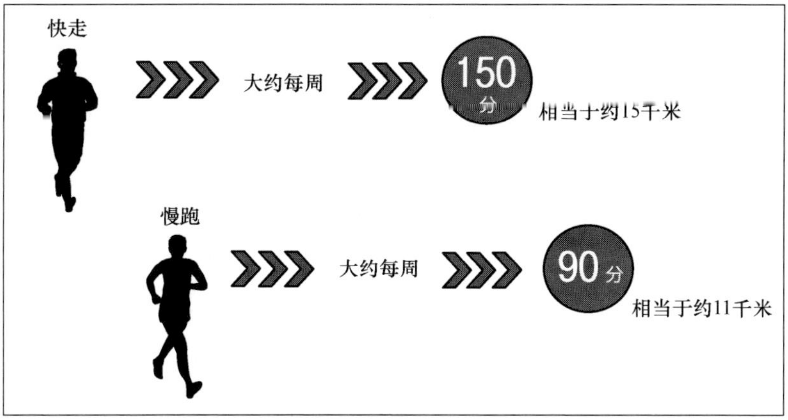

图 5.6　减少内脏脂肪的运动：快走和慢跑

资料来源：“基于健康促进的运动指南（2006）——为了预防生活方式病”。

那么运动基准又是如何规定的呢？相关人员从科学的角度出发，对身体活动量、体育运动量、体质和各种生活方式病有关的大规模队列研究进行系统综述，在明确一定基准后进行文献收集，然后以得到的值为基础计算得出。另一方面，日本政府让国民自学运动指南，增加体育运动和身体活动量、增强体质，以预防生活方式病。此外，日本政府还规定了新的运动量单位：代谢当量（METs）乘以活动时间（小时）得到的积是“身体活动量”，推荐大家“一周达到 23 个身体活动量单位，其中 4 个单位需达到中高强度体育运动”。

（十一）特定健康体检与特定保健指导

为了应对代谢综合征，日本 2008 年开始实行一项新制度，对加入了公共医疗保险的 40～74 岁年龄层群体开始实行特定健康体检（特定体检）与特定保健指导（代谢综合征体检）制度，以《老年人医疗保障法》为基础，为加入全国约 160 个健康保险工会和约 1 800 个国民健康保险工会的医疗保险者义务提供制度保障。

特定保健指导是为了预防生活方式病的发生，找出代谢综合征患者及高危人群，对其进行充分的生活改善指导（具体内容详见图 1.3）。如果进行特定体检的人变少，或者特定保健指导没有什么效果的话，“投入后期老年人医疗制度的支援费”分摊到每个被保险者身上的出资金额就会增加，这也就是从 2013 年开始施行的“罚款”。不过反过来，对于实现目标并得到高度评价的市县乡村，被保险者的“投入后期老年人医疗制度的支援费”可以获得最多 20%的减免，这同样刺激了制度的执行。

（十二）“健康日本 21”的最终评价

2011 年 10 月，日本厚生劳动省将“健康日本 21”的最终评价进行了汇总并将其公布（表 5.3）。这项报告指出，在 9 个领域、共 80 项指标中，除去后期增加的 21 个项目后还有 59 项，其中获得了 A“达到目标值”和 B“虽然没有达到目标值，但有改善的倾向”的评价的共计 35 项，即约六成项目得到了改善。

表 5.3　“健康日本 21”的目标达成情况汇总

评价等级（比较制定时*的数值和实际值）	符合项目数（比例）
A. 达到目标值	10 项（16.9%）
B. 虽然没有达到目标值，但有改善的倾向	25 项（42.4%）
C. 没有改变	14 项（23.7%）
D. 情况有所恶化	9 项（15.3%）
E. 无法评价	1 项（1.7%）
总计	59 项（100%）

注：*是指中期评价时设定的指标，将现在的数值和中期评价时的数值进行比较。

资料来源：2011 年日本厚生劳动省公布的资料。

在体育运动与身体活动领域的目标值评价中，8 个项目里，获得 A“达到目标值”的有 3 项，获得 B“虽然没有达到目标值，但有改善的倾向”的有 2 项，获得 C“没有改变”的有 1 项，获得 D“情况有所恶化”的有 2 项。

关于男性肥胖人群（20～60 岁）的比例，基准线是 24.3%，目标值是 15%以下，但实际值达到了 31.7%，呈现出情况恶化的趋势；尽管如此，2000 年以后的增长速度与 5 年前相比有所放缓(图 5.7)。关于有运动习惯者的比例，虽然整体得到了 C 的评价，但从不同性别与年龄来看，60 岁以上的男女中有运动习惯者的比例高于目标值，而对于不到 60 岁的中青年，有必要鼓励其多去进行运动（图 5.8）。

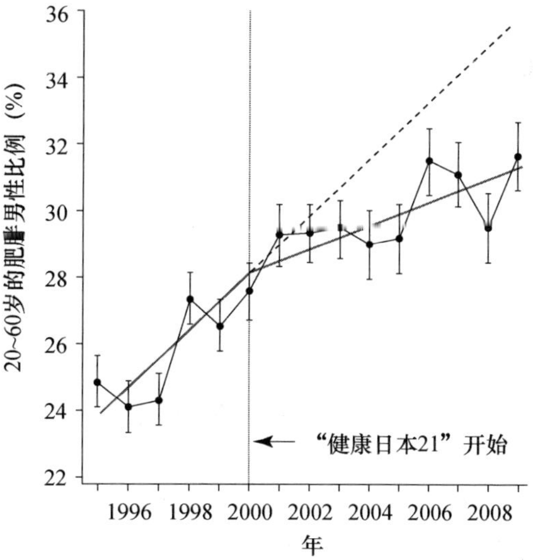

图 5.7　20～60 岁男性肥胖人群的比例的年份变化

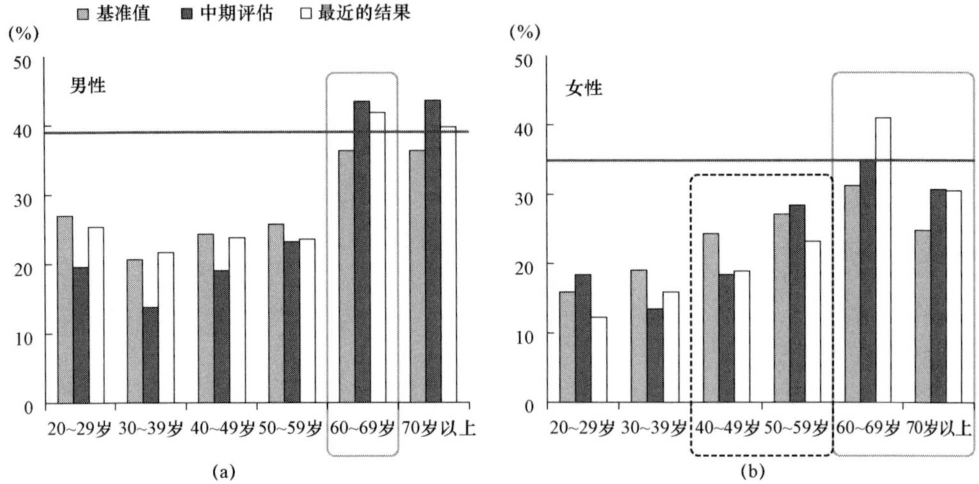

图 5.8　不同性别、年龄的有运动习惯者的比例

资料来源：2011 年日本厚生劳动省公布的资料。

（十三）发布下一次"国民健康促进政策"的概要

日本厚生劳动省在发布"健康日本 21"后再接再厉，于 2012 年发布了 2013～2022 年将要实施的国民健康促进政策"健康日本 21"（第 2 次）的概要。其中规定了有关推进国民健康促进行动的基本方向，列出了以下 5 项：

- 健康寿命的延长和健康程度差距的缩小；
- 预防生活方式病和彻底预防重症化；
- 维持和改善社会生活所需的机能；
- 改善社会环境以保持健康；
- 与各方有关人士携手，共同有效推进健康促进行动。

二、其他国家的健康促进政策

1986 年，WHO 在加拿大渥太华召开了第一次健康促进国际会议，通过了《渥太华宪章》。会议对健康促进进行了定义，即"人们能够自觉关注健康并加以改善的过程"，并确立了"创造一个公平的社会，让所有人都能在生活中享受健康"的目标。换句话说，不仅是个人的健康管理与健康教育，创造支持性的环境并构建健康向上社会的过程方为健康促进。于是，各国都开展了健康战略，在本国实施健康促进的政策。

（一）美国的“健康美国人”计划

1979 年，美国政府公布了包括国民健康促进与疾病预防计划在内的“健康美国人”计划（Healthy People）；1980 年提出了“增进健康，预防疾病”的国家基本方针，对各个项目提出了具体的目标如将幼儿的死亡率减少 35%，这是有关健康促进的初始十年计划。随后以此为基础，美国分别在 1990 年颁布“健康美国人 2000”，2000 年颁布“健康美国人 2010”，2010 年颁布“健康美国人 2020”（图 5.9），在每一个阶段都设定了明确的目标，并定期确认目标和现实情况间的差距，随之不断进行调整。

图 5.9　美国的“健康美国人 2020”

在日本，政府自不必说，社区团体、医疗设施和学校等均为健康促进的基础，日本以美国作为学习模范之一，制定了“健康日本 21”。

（二）英国的“健康生活，健康国民”

英国自 2010 年起，以“健康生活，健康国民”（Healthy Lives，Healthy People）为主题开展了健康促进运动。政府不仅致力于国民寿命的延长，还指出运动不足导致的肥胖、吸烟、饮酒及出现各种身体、精神问题的人数不断增加，这也加重了社会负担，于是提出了“健康寿命的延长”“人们自尊心的增强”“健康程度差距的缩小”等目标。

英国健康促进政策的特点在于政府不掌握主导权，而是加强地方政府的职能并在区域一级作出回应。政府力图让国民为自己负责，并通过网站主页征集公众对立法修正案的意见，努力调整战略。

（三）新加坡的“国民健康生活方式计划”

1992 年，新加坡政府为了让国民养成健康的生活习惯，颁布了“国民健康生活方式计划”（The National Healthy Lifestyle Program），确立了“健康的饮食生活”“规范的运动”“禁烟”“压力管理”四大支柱。其中，以减少肥胖儿童数量为目标，在中小学实施了“苗条与健康”（Trim and Fit，TAF）计划（图 5.10），到 2002 年，肥胖儿童的比例从 14%下降到 9.8%，取得了成功。TAF 计划在 2007 年结束，从 2008 年开始建立“整体健康框架”（Holistic Health Framework，HHF），以 TAF 计划的健康促进为基础，从减轻体重等身体方面开始，逐渐转变为包括精神健康、社会健康在内的整体健康，其特点是提升每个的健康水平。

图 5.10　新加坡的“国民健康生活方式计划”

练习题

在括号内填入恰当内容：

1. 1989 年日本政府确定的“基于健康促进的运动所需量”规定了不同性别、年龄的（　　）维持目标，高度评价了（　　）运动。

2. 2002 年，日本政府为推进以“健康日本 21”为核心的国民健康促进，以法律为基础，制定了（　　）。

3. 日本政府规定了新的运动量单位，此为（　　）乘以（　　）的积。

第六章　促进健康的运动基础

本章重点：

※学习促进健康运动的原理。

※理解不同运动强度下神经肌肉系统及呼吸循环系统的生理反应。

※学习有氧运动、抗阻运动和拉伸运动的基础。

一、健康促进运动的原理

运动（Exercise）是指以保持并增强体质为目的，有计划、有目标的身体活动。世界体育、运动医学的引领者美国运动医学会（American College of Sports Medicine，ACSM）指出："运动强度因个人目的和体质的差异有所不同，根据超负荷原则，有氧运动至少要达到最大摄氧量的40%，运动时间是每次20～60分钟，运动频率是每周3～5次为宜（每周运动6次以上效果会增加，但是身体受伤的可能性也会增加）。"的确，运动强度、运动时间、运动频率都是由每个人的目标所决定的，确定运动阶段后就要制订运动计划。这时，在选择运动实施方法的同时，也需遵循训练的原则（表6.1）。

知道了会很有用！

体质

体质的英文是physical fitness，是由单词physical（"身体的"）和fit（"合适的""健康的"）的名词形式fitness组成，意思是身体的健康状况好。此外，fit还有"刚刚好""符合，适合"的意思。日常生活中不运动的话体质会下降，运动会使体质增强，根据身体的运动情况，体质会呈现出与之相符的样子。

表6.1　训练原则

超负荷原则	为了增强体质，训练强度需要大于日常生活中的运动强度。
渐进性原则	训练的强度和量应该按阶段增加，突然增加则容易导致受伤。
反复性、可塑性原则	训练效果并非一朝一夕得来，只有反复练习才能取得成效。而且，如果停止训练的话，提高的机能也会降回原点。
特异性原则	只有动起来身体机能才能提高。有必要了解代谢特异性（持久型或快速型）和关节角度特异性。
意识性原则	对于接受训练的人来说，了解训练目的并有意识地进行训练非常重要。
个体化原则	必须考虑到个人差异（性别、体质水平、年龄、生活环境等）和每个人的爱好。
全面性原则	尽可能全面提高各个体质要素。

根据全面性原则，要尽可能地调动所有的体质要素，体质要素中的全身耐力、肌肉力量—肌肉耐力、柔韧性、身体成分都与健康有着密切关系，所以被称为健康相关体质（Health Related Fitness）。除此以外，速度、爆发力、平衡性、调整能力等与提高运动成绩（Performance）有关的体质要素被称为技能相关体质（Skill Related Fitness），要学会区分这两个概念。健康的保持与促进主要是受健康相关体质的影响。

超负荷原则、渐进性原则、特异性原则、个体化原则与运动强度联系紧密。制订运动计划时最难的部分就是平衡这些训练原则的关系。比如，在设定运动强度时，既要符合训练目的（特异性原则）和个体差异（个体化原则），又必须满足超负荷原则和渐进性原则。所以在设定运动强度前，要对接受训练者的健康相关体质进行评价。

二、运动生理学的基础

在测定、评价体质和设定运动强度前，有必要了解运动时神经与肌肉系统及呼吸循环系统的生理反应。

（一）肌纤维类型及其动员方式

人类的动作是由骨骼肌收缩牵动关节转动而产生的。骨骼肌是由肌纤维结成束状而构成。肌纤维因收缩特性和代谢特性不同而分为快肌纤维（Fast–twitch Muscle Fiber，又称 FT 纤维或Ⅱ型肌纤维）和慢肌纤维（Slow–twitch Muscle Fiber，又称 ST 纤维或Ⅰ型肌纤维）（图 6.1）。FT 纤维的收缩速度很快，能发挥出很大的力量，但其缺点是，若反复使出 100%的力量，其张力只够维持几分钟。同时，ST 纤维虽然收缩速度慢，没有很大的张力，但能够长时间反复地使出 100%的力量，是具有超强持久力的肌纤维。ST 纤维富含肌红蛋白和线粒体——这两种物质与氧化结构提高的有氧性能量供给有关，供氧的毛细血管密度比周围的都要高，因此肉眼所见为红色，又被称为红肌纤维。FT 纤维主要是由糖酵解系统提供能量，所以与 ST 纤维相比，其线粒体和毛细血管数很少，肉眼所见为白色，又被称为白肌纤维。

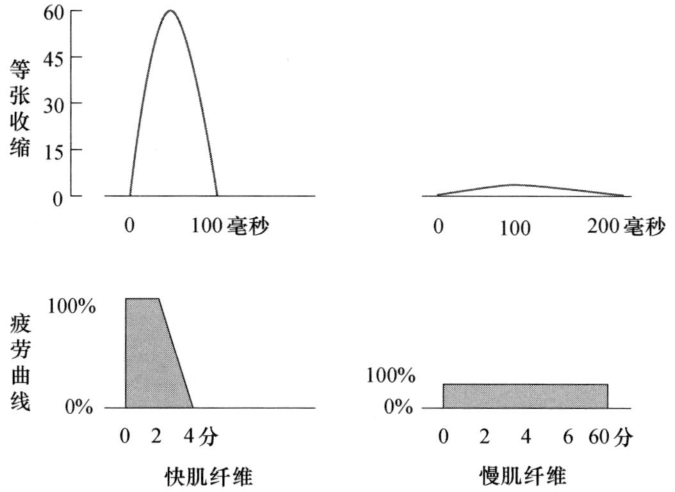

图 6.1　肌纤维类型及其特征

知道了会很有用！

肌肉纤维的比例

对活跃在奥林匹克运动会等国际大赛上的田径运动员的外侧髋肌（大腿外侧的肌肉）进行研究的话，会发现短距离运动员的Ⅱ型肌纤维（快肌纤维）比例高达 80%，而马拉松运动员低至 20%。顺便说一下，普通人是 50%左右。

一般来说，低强度运动会用到 ST 纤维，随着强度的增加，FT 纤维会被调动起来。像走路这样的低强度运动，调动的主动肌（做动作时主要调动的肌肉）是股四头肌和小腿三头肌的 ST 纤维。但如果动用股四头肌和小腿三头肌进行慢跑（jogging）或跑步（running）的话，因为运动强度的增加，所以除了 ST 纤维，FT 纤维也会被调动起来。ST 纤维受脊髓中较小的运动神经细胞控制，FT 纤维受较大的运动神经细胞控制。脊髓中运动神经细胞和通过运动神经支配的肌纤维，被称作运动单位，从小型的运动单位开始逐一调动起来，发挥力量。这被叫作大小原则（Size Principle）（图 6.2）。

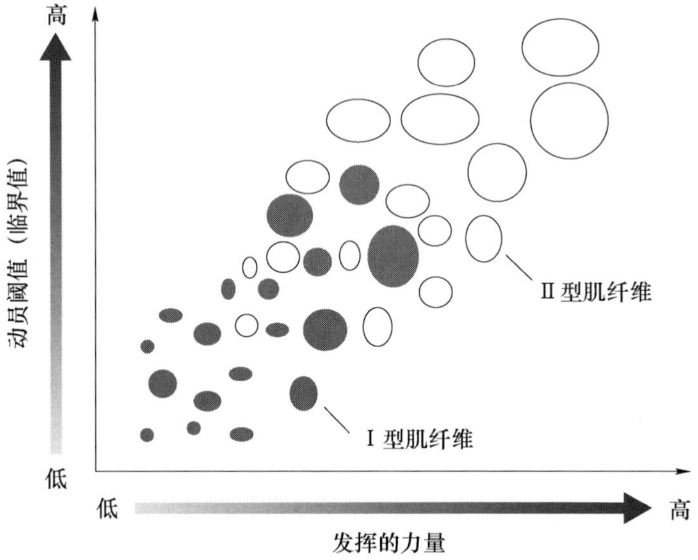

●：Ⅰ型肌纤维（慢肌纤维）；○：Ⅱ型肌纤维（快肌纤维）。

图 6.2　运动单位的动员形式

注：图中运动单位的大小表示的是脊髓 α 运动神经元和肌纤维的大小。发挥的力量小的时候，主要调动小型的Ⅰ型肌纤维，随着力量的增大，大的运动单位被逐渐调动起来。

（二）能量供应系统

人类肌肉活动的唯一能量直接来源是腺苷三磷酸（ATP）分解成腺苷二磷酸（ADP）时产生的。所以 ATP 枯竭之时就无法进行肌肉活动了。这时，ADP 就要快速合成 ATP，保证作为能量来源的 ATP 一直保有一定的量，这也是能量供应系统（氧化能系统、糖酵解系统、磷酸原系统）的建构过程（图 6.3）。

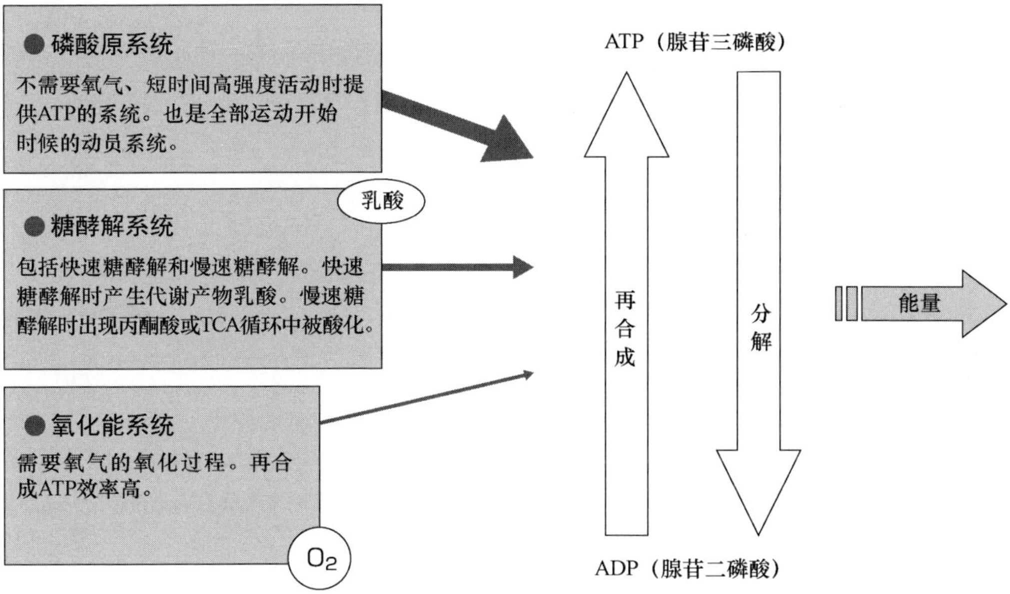

图 6.3　能量供应机制

氧化能系统是用氧气去分解脂肪和糖，是 ADP 再合成 ATP 的有氧性能量供给过程。这个系统会产生大量的 ATP，效率很高。但正如图 6.3 中细长的箭头表示，单位时间内的能量供给量并没有那么多，所以它不适用于高强度运动。这一能量供应系统主要适用于使用慢肌的低强度运动。

随着运动强度的增加，达到中等强度运动以上后，糖酵解系统的 ATP 再合成会慢慢增加。就像图 6.3 中略粗短的箭头所表示的那样，和氧化能系统相比，糖酵解系统在单位时间内的 ATP 再合成量很多，适合用快肌纤维发挥很大力量的运动。大部分的能量储存在血糖和肌肉里的糖原中，分为快速糖酵解和慢速糖酵解。快速糖酵解会产生代谢产物乳酸，乳酸会使糖酵解系统的反应速度变得迟缓，从而导致 ATP 的产生速度变慢。另一方面，慢速糖酵解会把氧化能系统最终产生的乳酸当作能量基质来使用。血乳酸浓度急增的运动强度被称作乳酸阈（Lactate Threshold，LT），大约是 2 毫摩尔/升，达到 4 毫摩尔/升强度时被称作血乳酸积累（OBLA），此为训练的指标（图 6.4）。

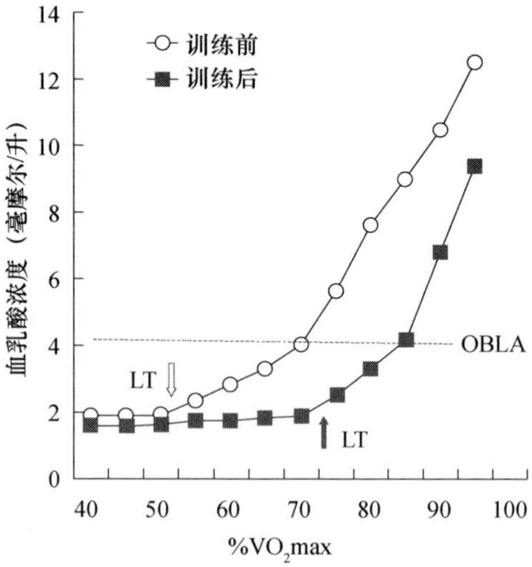

图 6.4　有氧训练前后的运动强度和血乳酸浓度的关系

磷酸原系统不需要氧气，能在短时间内的高强度活动中提供 ATP，也是所有运动开始时最先被调动的系统。因为氧化能系统需要氧气，而糖酵解系统和磷酸原系统不需要氧气，因此前者也被称为有氧代谢系统，后者也被称为无氧代谢系统。

（三）运动强度和呼吸循环系统

我们都知道，当运动强度逐渐增加时，呼吸会变得急促，心脏也会跳得很快。为了持续进行运动，氧化能系统会对能量之源 ATP 进行再合成。由于此系统会用到氧气，所以氧气的运输，即呼吸循环系统的工作——肺吸入的氧气通过血液流向心脏然后再向全身运输，必不可少。因为运动强度的增加，所需的氧气量也随之增加，呼吸循环系统便开始运输氧气。

随着运动强度的增加，在初期阶段（低—中强度），一次换气量（呼吸一次进出的空气量）和每搏输出量（心脏收缩一次输出的血量）也逐渐增加，加大了每分通气量（一分钟进出的空气量）和心排血量（心脏左心室或右心室一分钟泵出的血量）。运动强度继续增加，到达中—高强度时，一次换气量和每搏排血量就不会再增加，取而代之的是呼吸次数和心率的增加带动每分通气量和心输出量的上升（图 6.5）。

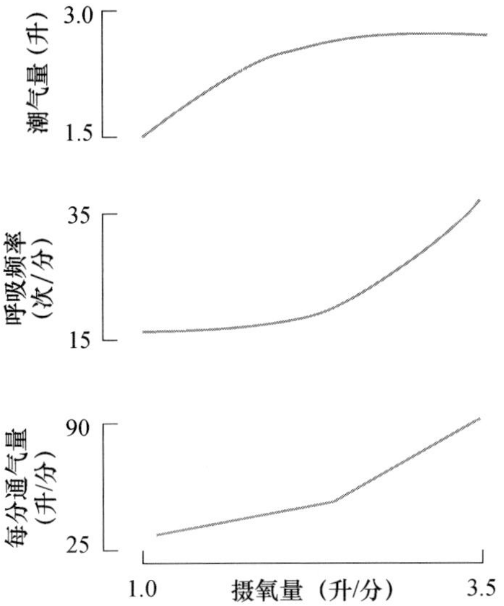

安静时的心跳次数

定期做有氧运动的人在安静时的心跳次数都比较少。标准的安静时心输出量大约是 5 升/分（每搏输出量 70 毫升/分 × 心跳次数 70 次/分），但因为有氧运动的慢性效果会增加心脏肌肉的收缩力，所以安静时的每搏输出量也随之增加。这样一来，心跳次数就会减少，从而保证了安静时的心输出量保持一定的水平。慢跑爱好者是 50～60 次/分，一流的马拉松运动员是 40 次/分。

图 6.5　增加运动强度的呼吸系统的反应

血液再分配

运动时，需氧量大的活动肌肉中的血液会增加，同时，流入肾脏和肝脏中的血液就会减少。天气炎热的时候，皮肤的血液会增多，这就是血液的再分配，是为了防止身体内部温度上升。

三、有氧运动的基础

有氧运动是指肌肉活动时能量主要由氧化能系统进行 ATP 再合成的运动。表 6.2 表示的是身体在疲惫状态下继续进行运动时，无氧系统与有氧系统的 ATP 供给比例。举例来说，在剧烈运动时，10 秒或 20 秒身体就筋疲力尽，此时无氧系统的 ATP 再合成会达到 80%～90%，并且主要能量为糖。同时，在 30 分钟以上身体才开始疲劳的中等强度运动中，有氧系统（氧化能系统）的能量供给会超过 95%，被消耗的能量基质就会对脂肪产生高度依赖，所以可以起到降低身体脂肪量的效果。

表 6.2　身体在疲惫状态下继续进行运动时有氧系统/无氧系统的 ATP 供给比例

秒	10	30	60			
有氧系统的比例/%	10	20	30			
无氧系统的比例/%	90	80	70			
分	2	4	10	30	60	120
有氧系统的比例/%	40	65	85	95	98	99
无氧系统的比例/%	60	35	15	5	2	1

这样一来，有氧运动就成了以氧化能系统的 ATP 供给为中心，主要调动耐力好的慢肌纤维的运动的总称。简单定义的话，就是满足“①调动大肌肉群；②有节奏的；③持续性的”这三个特点的运动。比如，持续使用大腿（股四头肌）或小腿（小腿三头肌）等大肌肉群、有节奏地（关节会连续变换角度）走路或慢跑等，这类我们平时很轻松就能做到的运动都可以叫作有氧运动。

有氧运动的持续进行会引起身体内的一系列反应。随着毛细血管密度和动、静脉血管直径的增大，末梢血管内阻力减少，肌肉细胞内线粒体变大、数量增加，氧气摄取能力也会随之上升，心脏肌肉的收缩力提高后，每搏输出量和激烈运动时的心输出量随之增加，氧化能系统的酶活性随之提高，最大摄氧量的增加和安静时心率的降低，同样运动强度下血液中乳酸浓度的下降和心率的降低等都是训练带来的效果。

众所周知，定期做有氧运动，能有效减少血液中的甘油三酯和低密度脂蛋白胆固醇含量，增加高密度脂蛋白胆固醇含量，起到改善血液成分的作用。此外，随着体脂肪量的减少，大动脉的弹性会更好，有助于降低动脉硬化和高血压的患病风险。

四、抗阻运动的基础

对抗负荷发挥力量，旨在提高肌肉力量的训练被称为抗阻运动或抗阻训练。像哑铃和杠铃这种自由负荷或机械训练主要对大肌肉群有效，而使用弹力带等的训练则是对锻炼小肌肉群非常有效（图 6.6）。此外，深蹲和俯卧撑等自重（自己的体重）训练也属于抗阻运动的范畴。

(a)

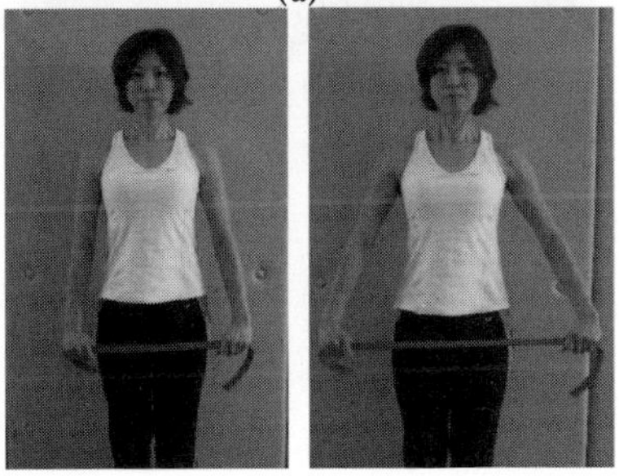

(b)

(c)

（a）、（b）：为了提高肩关节的稳定性，锻炼其周围的小肌肉群。A 是锻炼和冈下肌等上臂外旋有关的肌肉；B 是在锻炼和冈上肌等上臂外翻有关的肌肉。

（c）：以锻炼背阔肌等大肌肉群为主的训练。对于年轻人和每天锻炼的人来说，可以将弹力带换成哑铃或杠铃，施以合适的负荷。

图 6.6　使用弹力带做抗阻运动的例子

图 6.7 展示的是肌肉收缩时的三种模式。等长收缩（Isometric Contraction）时关节角度不发生变化，因此也被称作静态收缩（Static Contraction）。向心收缩（Concentric Contraction）是将肌肉的长度变短，离心收缩（Eccentric Contraction）是通过外力将肌肉拉伸开，这两种收缩都会改变关节角度，是动态收缩（Dynamic Contraction）。

> 知道了会很有用！
>
> **肌肉和肌腱的本体感受器**
>
> 肌肉和肌腱里有一个能感知“长度”的本体感受器，分别叫作肌梭和腱梭（高尔基腱器官）。当肌肉剧烈地伸展时，这些本体感受器为了防止肌肉断裂，会通过脊髓将肌肉缩短（伸张反射）。静止状态下慢慢拉伸肌肉时，不会发生伸张反射。

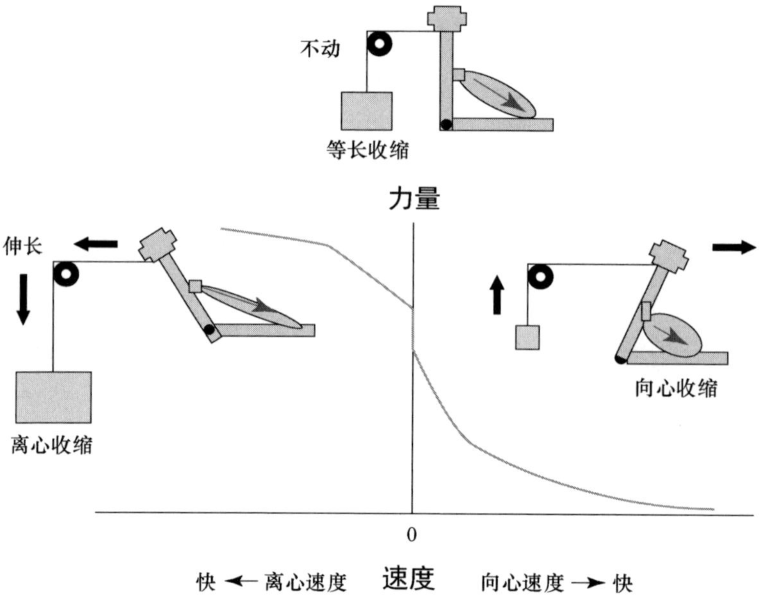

图 6.7　肌肉收缩方式和力量——速度曲线

在训练的时候，有必要关注主动肌收缩方式。举例来说，哑铃弯举是练习肱二头肌的，肘关节会反复弯曲（把哑铃举上去）和伸展（把哑铃放下来），但无论是弯曲还是伸展，主动肌都是肱二头肌，肘关节弯曲时是向心收缩，伸展时是离心收缩（图 6.8）。在解剖学中，肘关节伸展时的主动肌是肱二头肌的拮抗肌——肱三头肌。但在进行哑铃弯举时，因为要握住哑铃（重量）慢慢地将肘关节伸展开，所以肱二头肌会发生离心收缩。在肌肉收缩方式中，离心收缩和等长收缩都能发挥出很大的力量，对肌肉的刺激也比较强烈，特别是离心收缩容易造成肌肉疼痛，这一点众所周知。以登山为例来说明，上山的时候呼吸会变得急促，心跳也会加快，呼吸循环系统的负担增大；但下山时就不会有这么严重的反应，不过在下山时容易导致延迟性肌肉酸痛。这是因为登山时股四头肌是向心收缩，下山时发挥刹车的功能，就变成了离心收缩。在做抗阻运动时要有意识地关注主动肌是如何收缩的。

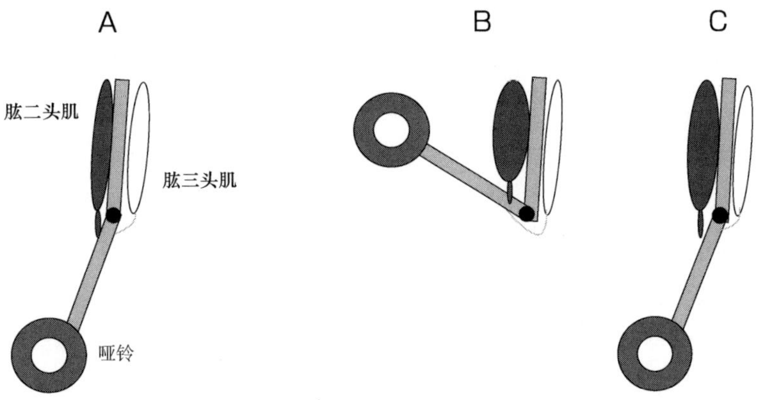

A→B：肱二头肌是向心收缩；B→C：肱二头肌是离心收缩。

图 6.8　哑铃弯举时的肌肉收缩方式

一般情况下，肌肉力量的发挥程度和肌肉的横断面积成比例关系，1 厘米 ^{2} 肌肉横断面积能承受 4～9 千克（平均 6 千克）的重量，被称作绝对肌肉力量。但在训练初期，人们普遍认为在肌肉横断面积增大前，肌肉力量会先增大（图 6.9）。这是由于动员的运动单位增多或肌肉放电频率增加等神经系统的改善（表面积分肌电值的增加）所带来的。也就是说，平时不锻炼的人即使想发挥出最大的力量，也不可能动员起所有的运动单位，只有通过训练才能尽可能多地动员运动单位。经过 2～3 个月的训练，肌肉变大，肌肉力量也随之增加。

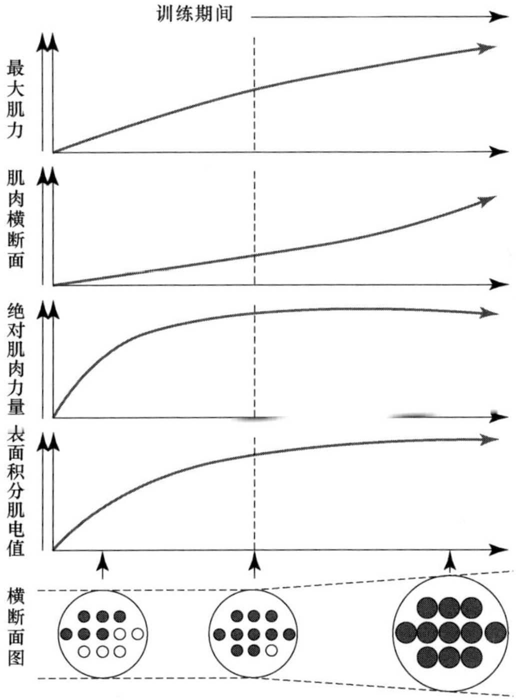

●收缩肌肉纤维；○不收缩肌肉纤维。

图 6.9　抗阻训练使肌肉力量增加的示意图

五、拉伸运动的基础

拉伸是指将肌肉（肌纤维）或肌膜等结缔组织伸展，提高关节柔韧性的训练。关节的柔韧性一般是指关节的可动域。关节的可动域会随着年龄的增加而减小。其原因有：骨骼肌的萎缩和短缩、关节软组织的骨化和磨损、关节变形、不恰当的训练等。关节活动范围的减小不仅会使运动表现变差，还会让姿势变得不端正，造成腰痛、肩周炎等，影响日常生活。

> **关节可动域（Range of Motion，ROM）**
>
> 是指关节的活动范围，也是柔韧性的指标。和别人一起做运动，被动的动作中 ROM 被称作静止柔韧性，随意的活动肌肉，主动的动作中 ROM 被称作动态柔韧性。

骨骼肌有伸展性、弹性、收缩性三大特征。如果反复过度使用，或从不活动、不使用，或长时间保持同一种姿势的话，骨骼肌就会失去伸展性和弹性，变成萎缩紧张（僵硬）的状态。这种状态的肌肉会造成姿势不端正和腰痛，使得肌肉周围的毛细血管处于被压迫的状态，导致血液循环恶化。比如反复训练时，肌肉会变成短缩紧张的状态，导致骨骼肌的特征——伸展性、弹性、收缩性无法充分发挥。众所周知，在做增强肌肉力量的抗阻运动时，比起单独进行抗阻运动，结合静态拉伸运动（参照之后的叙述），可以明显提高肌肉力量。换句话说，对关节进行大范围的活动训练可以促使肌肉力量不断提高。因此做拉伸可以让僵硬的肌肉伸展、恢复弹性，使肌肉状况得到调整。

做拉伸的时候，要能够意识到肌肉的起点和止点。肌肉跨过关节附着在骨头上，如果把肌肉中心看作起点，肌肉末端看作止点的话，那么起点和止点相距甚远时肌肉就被拉伸开了。肌肉不仅有跨过一个关节（单关节肌）的，还有跨过两个（双关节肌）或者三个及以上（多关节肌）的，所以要确认好开始和停止后再做拉伸。举个例子，在“拉伸阿基里斯腱”时，主要被拉伸的肌肉是踝关节和膝关节这两个关节的腓肠肌。然而，位于腿肚子相同位置的比目鱼肌是踝关节的单关节肌，所以弯曲膝盖时可以使腓肠肌放松下来，而在不影响腓肠肌状态的情况下弯曲脚关节能够使肌肉拉得更开（图 6.10）。

拉伸分为静态拉伸和动态拉伸，前者的关节角度基本不发生变化，后者的关节角度会有很大变化。静态拉伸是以个别肌肉为对象，不会带来疼痛，是被动地将肌肉慢慢拉开，能保持 10～30 秒的最终姿势。一般情况下，拉伸多指静态拉伸。虽然我们经常看到人们在正式运动前会做静态拉伸，但并没有明确的研究表明这能减少损伤的发生。另外，在正式运动前应该加快血液循环、提高肌肉温度，但多做静态拉伸却有降低体温的可能性。除此之外，我们都知道肌肉松弛后，存在减弱肌肉力量发挥的可能性。所以静态拉伸不应该作为热身运动，而应该运用于运动后的放松和肌肉状态的调整方面。动态拉伸多用于正式运动前的动作中，相比于调动个别肌肉，它存在于体育运动及身体活动的必要动作中。

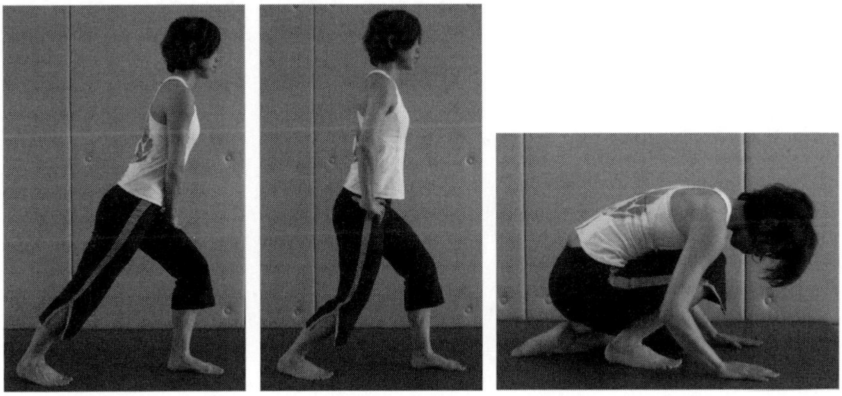

(a) (b) (c)

（a）双关节肌腓肠肌的拉伸；（b）（c）单关节肌比目鱼肌的拉伸。小腿三头肌是由腓肠肌和比目鱼肌构成的，这两块肌肉聚到一起后经过阿基里斯腱，在踵骨隆起处结束，腓肠肌的起点在大腿骨（跨过膝关节）处，比目鱼肌的起点在腓骨（不跨过膝关节）处。

图 6.10 小腿三头肌的拉伸

练习题

在括号内填入恰当内容、选择恰当选项或按要求进行描述：

1. 简单定义的话，有氧运动为调动大肌肉群、(　　　　)、(　　　　) 的运动。
2. 表示慢肌纤维的特点正确组合为 (　　　)。

   a. 收缩速度快　b. 发挥张力小　c. 有持久力　d. 线粒体丰富

   e. 肉眼可见为白色

（1）ac

（2）bcd

（3）bde

（4）ce

3. 描述下楼梯时股四头肌的收缩方式。

4. 描述关节活动范围变小的原因（三个即可）。

第七章　促进生长发育期（幼儿和儿童）健康的运动

本章重点：

※了解现在经常被指出的一个问题，即与过去相比，现在孩子们的活动量普遍减少，同时还伴随着体质下降。

※了解现在的孩子们由于暴食且不运动而导致肥胖率增加，社会上普遍担心这种情况会逐渐蔓延到成人身上，并导致生活方式病出现。

※了解瘦弱的孩子和身体活动量偏少的孩子存在骨折和骨密度值较低的情况，骨密度值与骨折和未来的骨质疏松症有着密切的联系。

※患有哮喘和过敏症的孩子日益增多，了解这些病症也会对身体活动产生影响。

※了解适当运动可以改善肥胖、哮喘，增加骨密度，从而提高健康度。

在成长期拥有合理的饮食环境和运动环境极为重要，这将影响人生健康基础的构筑。如今，随着生活习惯的变化，孩子们的活动量和体质下降、过度肥胖和过度瘦弱、骨骼的脆弱性、过敏（哮喘）等健康问题越发显著，人们不禁开始担心起“生存能力”降低这一问题。

本章将对孩子们健康问题的现状与运动（身体活动）、体质之间的关系进行解释，让大家理解孩子们成长期运动实践的意义。

一、孩子们的身体活动量和体质

（一）孩子们的身体活动量

图 7.1 所示的是幼儿园到初三学生的每日步数（活动量）。从图中可以看到，女孩子的步数普遍比男孩子的要少 1 000～5 000 步；无论男女，从幼儿园中班到小学

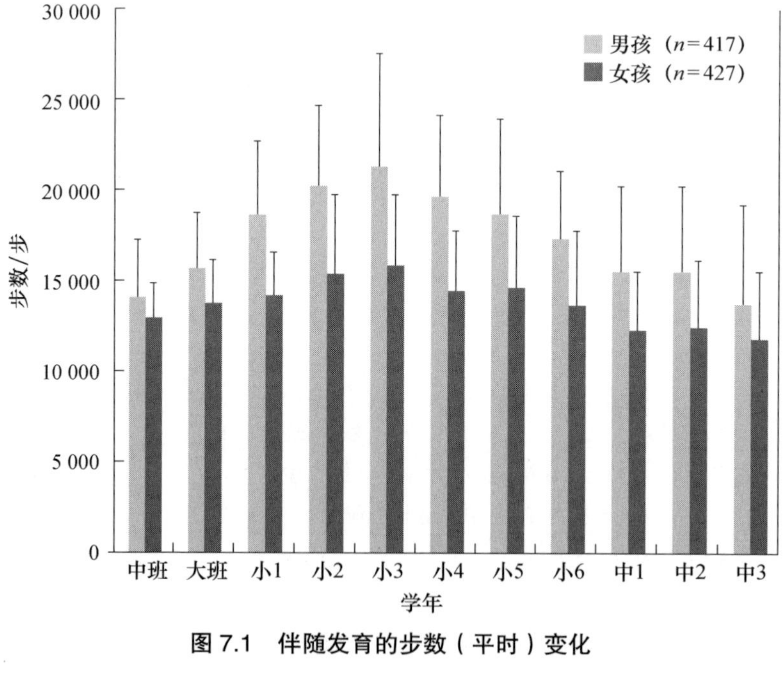

图 7.1　伴随发育的步数（平时）变化

三年级这段时期的步数都在增长，之后开始出现下降趋势。由于步数会受到步幅大小的影响，所以假设在同等移动距离的情况下，身高越高步数越少。但在幼儿园中班到小学三年级这一时段里，孩子们的身高（步幅）在增加时，活动量增加速度更快（黄金周期前期），所以其步数依然在增加。此外，休息日的步数比平时的步数要少 3 000～4 000 步，所以我们要重视上下学时间和体育活动时间、放学后孩子们进行户外活动的时间等，这些发生在学校的运动刺激对于孩子们的健康成长也非常重要。

知道了会很有用！

日本孩子们的步数

日本孩子们休息日的步数比平时的步数少 3 000～4 000 步，所以在暑假和寒假等长假里，孩子们的活动量减少，会很容易导致肥胖。因此在进入长假前，家长要提前制订好假期的运动计划和饮食规划，养成规律的生活习惯很重要。

同时，随着少子化和家庭游戏机的出现，以及犯罪率的增加等，孩子们到户外活动的时间也大大缩减，与过去相比，其身体活动量也在减少。根据一份总结了众多调查孩子们步数的研究的报告，1979 年到 1993 年，有大量的研究显示孩子们的日平均步数超过 20 000 步，然而到了 1997 年以后，只有一份研究的报告显示其步数超过 20 000 步。此外，根据 2010 年的全国体质、运动能力、运动习惯等的调查，在小学五年级的学生中，有 10.5%的男生和 24.2%的女生每周的总运动时间不足 60 分钟。正如这些研究所示，目前的孩子们存在积极参与体育运动和不参与体育运动两种情况，而且这样的两极分化还在进一步加剧；同时，不参与体育运动的孩子的体质数值远低于整体的平均值，影响了统计数值。

（二）孩子们的低体质化

人们常说：“体质是身体活动的源泉，除了可以保持健康，还能大大提升人的精神面貌、充实气力，是支撑人类成长发育的基本要素。”对于肩负着下一个时代的孩子们来说，他们需要有这样的体质：一方面是调整力、瞬间爆发力和持久力等“运动相关的体质”；另一方面是保持身体健康、尽量不生病的“健康相关的体质”。然而，日本文部科学省自 1964 年进行的“体质、运动能力调查”显示，孩子们的体质、运动能力虽然经历了一个短暂的上升期，但从整体来看却是在经历长期的下降趋势。耐力跑步调查作为其中的一个例子，可以提供参考（图 7.2）。

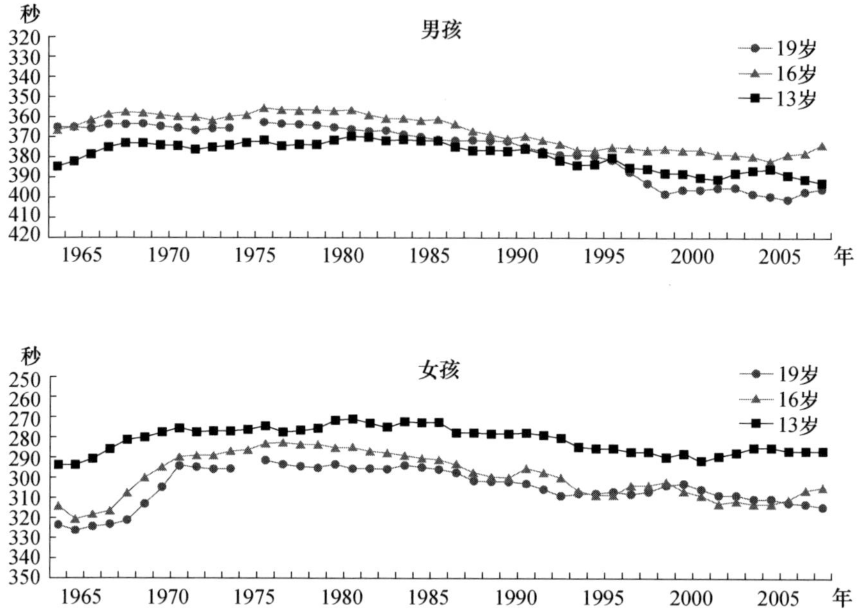

图 7.2　耐力跑步（男子 1 500 米，女子 1 000 米）时间的年度变化

资料来源：体质、运动能力调查（2008），有改动。

伴随着体质的下降，不能自如地活动自己身体的孩子在增加，有肥胖趋势的孩子也在增加，这些都不利于培养具有创造性和健全人格的人才，这一系列的问题已经成为整个社会都无法忽视的问题。日本文部科学省提出体质下降的原因有如下几个方面：

- 国民对户外活动和参与运动的重要性等意识的淡薄；
- 生活的便利化等孩子们整体生活情况的变化；
- 进行运动和户外活动时，时间、空间、朋友的缺乏；
- 对成长进行相应指导的指导者较少；
- 偏食、睡眠不足（熬夜）等生活习惯的紊乱。

这些情况在欧美诸国也普遍存在。作为解决这些问题的对策之一，各国都制定了与孩子们的身体活动相关的指导手册。日本也在 2010 年出版了一本名为《积极运动 60 分钟》的指导手册，鼓励孩子们每天至少要进行 60 分钟中等强度以上的身体活动或体育运动。

二、孩子们的肥胖和运动

（一）孩子们的肥胖、代谢综合征的现状

饮食的欧美化导致的脂肪摄取比例的增加、手机游戏的普及及户外活动的减少等，导致了肥胖儿童数量持续增加。与 30 年前相比，现在的肥胖儿童数量是那时的 2～3 倍，即每 10 个孩子中就有 1 个孩子有肥胖倾向（肥胖度 20%以上）。幼儿肥胖者在数量上虽然不多，但却有和成年人一样多的内脏脂肪的囤积，这将直接导致未来的脂质代谢异常、高胰岛素血症、高血压等疾病患病风险的增高。另外，当肥胖程度较低时，以上的这些风险还会有单独存在的情况，但是随着内脏脂肪囤积量的增加，在一个人身上出现多种患病风险的倾向也更为明显，这种状态被称为代谢综合征。即使是儿童，如果肥胖程度过高，其患代谢综合征的风险也会大大提升。

肥胖度的计算方法

肥胖度（%）=[（体重－标准体重）/标准体重]×100

标准：−20%以上、20%以下

轻度肥胖：20%以上、30%以下

中度肥胖：30%以上、50%以下

重度肥胖：50%以上

不同于判定成年人肥胖时所采用的 BMI 标准，在判定儿童肥胖时使用的是“肥胖度”这一标准（表 7.1）。肥胖度主要是评价实际体重与标准体重之间存在的差距，20%以上、30%以下的是“轻度肥胖”，30%以上、50%以下的是“中度肥胖”，50%以上的是“重度肥胖”。此外，还有一个简单判定腹部型肥胖的方法——腰围身高比，该方法是将腰围除以身高进行计算。例如，腰围是 65 厘米，身高是 160 厘米，腰围身高比就是 65/160≈0.41。

腰围身高比和内脏脂肪量也有较大的关联，如果比值超过 0.5 的话，那么就可以判定为腹部型肥胖，其代谢异常的风险也较高。

表 7.1　肥胖儿童的判定方法（计算标准体重的系数和运算公式）

年龄	男孩		女孩	
	a	*b*	*a*	*b*
5	0.386	23.699	0.377	22.750
6	0.461	32.382	0.458	32.079
7	0.513	38.878	0.508	38.367
8	0.592	48.804	0.561	45.006
9	0.687	61.390	0.652	56.992
10	0.752	70.461	0.730	68.091
11	0.782	75.106	0.803	78.846
12	0.783	75.642	0.796	76.934
13	0.815	81.348	0.655	54.234
14	0.832	83.695	0.594	43.264
15	0.766	70.989	0.560	37.002
16	0.656	51.822	0.578	39.057
17	0.672	53.642	0.598	42.339

标准体重（千克）$= a \times$ 实测身高（厘米）$- b$

标准体重的计算方法：

假设一名 13 岁的男孩身高为 160 厘米，则其标准体重为：

$0.815 \times 160 - 81.348$

$=130.4 - 81.348$

$=49.052$（千克）

研究表明，看电视的时间越长，孩子的肥胖程度也会越高，由此可以说明不活动与肥胖之间是存在密切联系的。而且，随着肥胖程度的加深，身体活动量（步数）

会逐渐降低，能量消耗也会进一步减少，肥胖程度将更加严重。此外，还有研究表明，最大摄氧量等体质指标也会随着肥胖程度的上升而降低（图 7.3）。如此一来，幼儿期的肥胖将会形成一个恶性循环，同时，其延续到成人期的可能性也非常高，因此需要通过学校体检尽早发现、尽早应对。

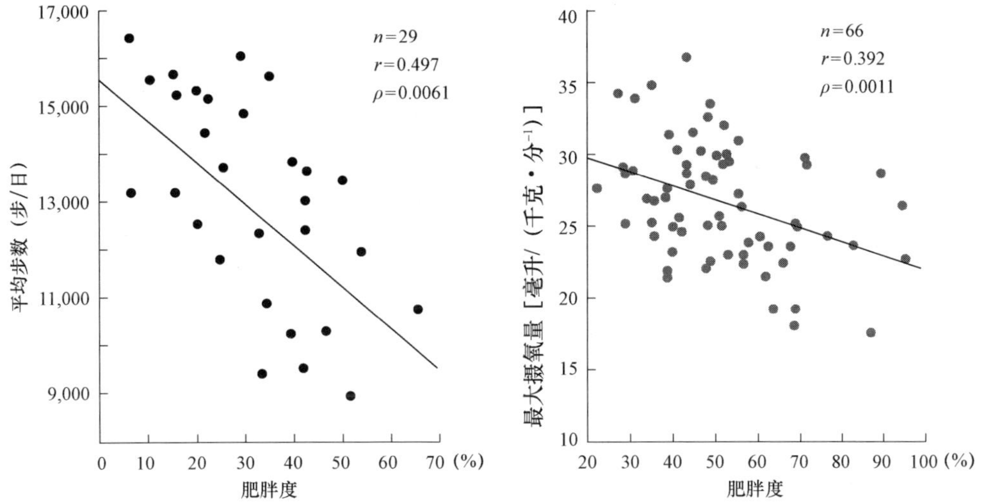

图 7.3 肥胖度与日平均步数、最大摄氧量之间的关系

（二）针对肥胖孩子的运动指导

由于运动指导的目的在于减少体脂肪，所以一般情况下，尽量长时间参与有氧运动是较好方式。至于具体的运动指导内容，由于指导对象本来就是孩子，因此在保持一定负荷的同时，要带有一定的游戏性和趣味性，以期孩子们能够愉快地做运动。从运动条件来看，合适的标准是：在强度上应该保持中等强度的有氧运动（心率在 120～140 次/分）；在时间上应该保持每天总计 1 个小时（步数在平均每天 13 000 步）；在频度上应该保持每周 5～7 次，为期 3 个月左右。在初始时可选择一些使用气球或球类等道具的活动，以及跳绳、健步走等由家长和指导者陪伴孩子一起进行的活动。除此之外，也要听取孩子们的意见，参加体育社团或体育兴趣班也是有效的方式。为了能够直观反映身体的活动情况，可以使用计步器，也可以通过每天测量体重来实施自我监控，把这些数据的记录以图表等形式呈现出来，对行为改变也有较好的效果。同时，要避免中高程度肥胖的孩子运动负荷的骤然加强，应该从低强度、短时间的运动开始，逐渐提升运动的质和量。

通过上述做法，在对因肥胖而入院接受治疗的孩子实施运动指导、饮食指导后，其结果如图 7.4 所示。可以看到在此期间孩子们的肥胖程度有了明显的下降。同时，这些孩子的体重在 3 个月内平均减少了 7.6 千克，瘦体重增加了 1.0 千克。平均腰围也从 91.5 厘米缩小到了 75.0 厘米，平均腰围身高比由 0.63 降到了 0.51。在腹部脂肪分布方面，皮下脂肪面积从平均 252.7 厘米^2 减少到了 143.1 厘米^2，内脏脂肪面积从平均 47.6 厘米^2 减少到了 31.3 厘米^2。此外，与身体活动性密切相关的最大摄氧量也从平均 26.7 毫升/（千克・分$^{-1}$）增加到了 31.6 毫升/（千克・分$^{-1}$）。此外，与代谢综合征的患病率相关的腰围、糖和脂质代谢，血压异常值出现的频率也都均有所下降（表 7.2）。由此可以证明，针对肥胖儿童进行的运动指导和饮食指导可以对未来的生活方式病和代谢综合征起到预防的效果。

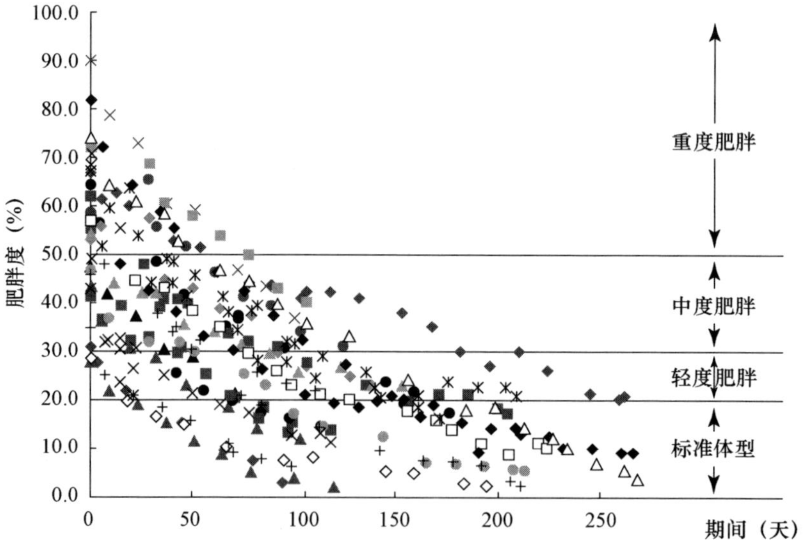

图 7.4　运动指导、饮食指导带来的肥胖度变化

表 7.2 运动指导、饮食指导带来的代谢综合征的改善

项目	异常值出现频率	
	前	后
腰围（80 厘米以上）	81.6	13.2
中性脂肪（120 毫克/分升以上）	15.8	0.0
高密度脂蛋白胆固醇（不足 40 毫克/分升）	21.1	18.4
收缩压（125 毫米汞柱以上）	15.8	0.0
舒张压（70 毫米汞柱以上）	31.6	26.3
空腹血糖（100 毫克/分升）	2.6	0.0
代谢综合征	13.2	2.6
代谢综合征侯群	52.6	7.9

三、孩子们的骨密度和运动

（一）发育期的骨密度

20 年间，日本中小学生的骨折发生率增加了大约 2 倍，与低体质化相关的骨骼脆弱性成了一个社会性问题。成年人骨量的 26%～60%是在身高增长速度高峰（Peak Height Velocity，PHV）期前后的 4 年间获得的，人的峰值骨量（Peak Bone Mass，PBM）是在 20～30 岁之间形成的，这个峰值骨量与未来的骨质疏松症发生风险密切相关。因此，如何在形成峰值骨量前期（女孩为 10～12 岁，男孩为 12～14 岁）尽可能地提升骨密度成了一个重要的课题。

根据一项以 3 468 名 9～22 岁的男女为研究对象、对其骨密度进行调查的研究，在 9～14 岁时，虽然骨密度每年都在增长，但是男女之间并没有明显的差别，而到了 15 岁以后，男孩的骨密度增长速度开始超过女孩，等到男孩 18 岁、女孩 15 岁时，其骨密度就和成年人保持在同一水平。此外，在身体成分方面，此年龄范围内的女生体重、体脂率、瘦体重都与骨密度呈正相关，因此体格较小的女生更需要注意骨密度的增长，有必要积极地进行一些活动来促进其增长。

知道了会很有用！

女生的骨密度

与男生相比，女生的骨密度更容易受到体形和运动量（或者是高强度的运动）的影响。由于女生比男生更容易在老年时患上骨质疏松症，因此在成长期间要注意不要体形过瘦，同时对骨骼给予足够的运动刺激，以提高峰值骨量，用于预防未来的骨质疏松症。

孩子骨骼健康会受到遗传、营养、运动、内分泌等因素的影响。在遗传方面，目前已经有很多的研究对维生素 D 受体基因多态性与骨密度之间的关系进行了探讨，虽然在成年人身上还没有得出定论，但是这些研究已经发现，在孩子们身上，维生素 D 受体基因型与骨密度之间存在较高关联性。在内分泌方面，生长激素、胰岛素样生长因子 1、雌性激素、睾酮、降钙素对骨发育起着促进作用，而甲状旁腺激素、皮质醇等则起着相反作用，同时还调节着骨重建。研究还发现，受雌性激素的影响，有过月经初潮的女生的骨密度明显高于尚未有初潮的女生。在营养方面，钙和维生素 D 的摄取尤为重要，因为这与骨骼和软组织的矿物质化有着密切联系。

（二）运动量、体型对骨密度的影响

除了遗传因素之外，发育期的身体活动还对骨骼和肌肉、脂肪的质与量起着决定性作用，这些都将成为人一生中健康的基础。图 7.5 显示，参加运动类社团活动的女中学生去脂肪率会增加、体脂会减少，同时骨密度增加、体质测试的得分也较高。另一项以中学生为对象、使用带加速度计的计步器的研究显示，运动量（运动消耗的能量：千卡，也就是卡路里）与骨密度呈正相关，且这一关系在女生身上尤为显著（图 7.6）。这些研究结果都表明，在发育期进行身体活动和体育运动都有助于预防未来的代谢性疾病和女性的骨质疏松症，同时也对解决目前的低体质化问题起着重要作用。

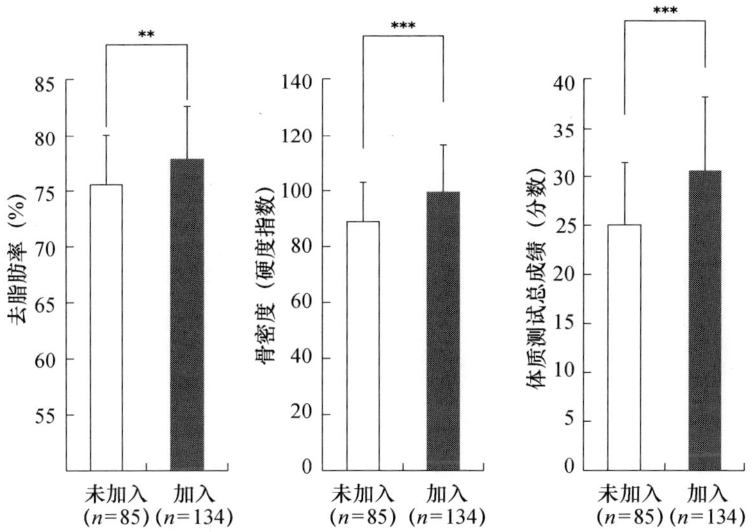

注：**：$p<0.01$，***：$p<0.001$。

图 7.5　女中学生加入运动类社团活动的情况和去脂肪率、骨密度、体质成绩

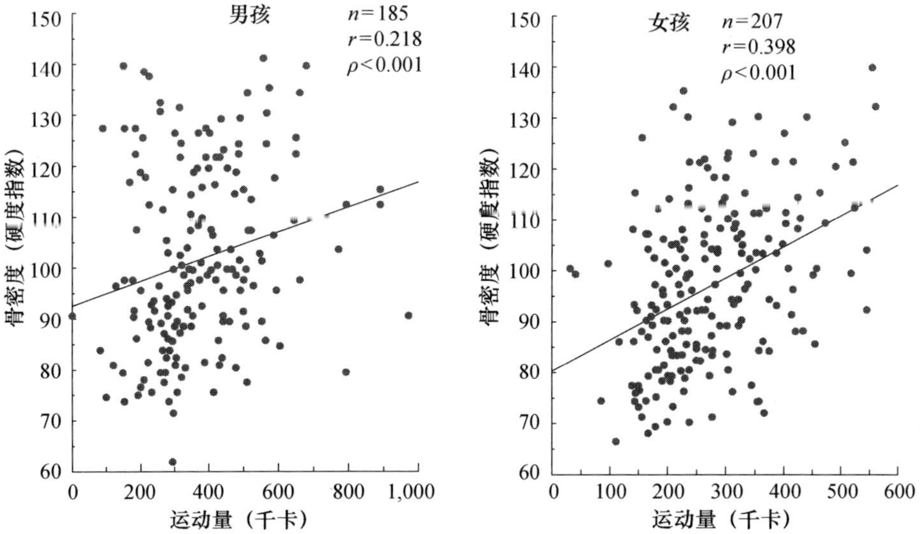

图 7.6　中学生的运动量和骨密度的关系

当今，女孩都以瘦为美。在这一趋势下，日本 2010 年举行的国民健康营养调查显示，20 岁年龄层的女性中，BMI 指数不足 18.5，即体重过低的女孩子占比达到了 29%。在希望减肥的女中学生中，其总能量摄取量和钙、维生素 D 的摄取量均明显偏低（表 7.3）。在另一项使用超声骨密度仪进行的研究中，虽然没有发现体形对男孩的骨密度有明显的影响，但是在女孩中，与标准体形着和肥胖体形者相比，偏瘦体形者（肥胖度低于 −20%）的骨密度值明显较低（图 7.7）。女孩在青春期希望变瘦，从而出现营养不良、骨密度低下的状况，会使未来患骨质疏松症的可能性增加。为了预防这一情况的发生，在青春期的前一阶段，就要致力于让孩子拥有合理健康的身体成分和骨密度，这一点非常重要。

表 7.3 女中学生的减肥意愿和各类营养素摄取量

项目		有减肥意愿（n=153）	无减肥意愿（n=66）	统计学意义
能量	（千卡）	2054.2 ± 801.1	2417.5 ±1156.8	*
蛋白质	（克/天）	75.8 ± 34.5	86.0 ± 50.0	
脂质	（克/天）	72.4 ± 31.1	85.1 ± 47.5	*
碳水化合物	（克/天）	268.5 ± 109.1	319.1 ± 147.7	*
钙	（毫克/天）	738.5 ± 392.8	846.7 ± 599.1	*
磷	（毫克/天）	1217.0 ± 561.0	1401.8 ± 873.3	
铁	（毫克/天）	8.3 ± 3.5	9.6 ± 5.2	
维生素 D	（毫克/天）	15.7 ± 15.0	20.2 ± 21.7	*
维生素 K	（毫克/天）	256.2 ± 179.6	320.4 ± 204.3	*
总膳食纤维	（克/天）	11.1 ± 5.3	13.5 ± 7.5	*

注：*：$p<0.05$。

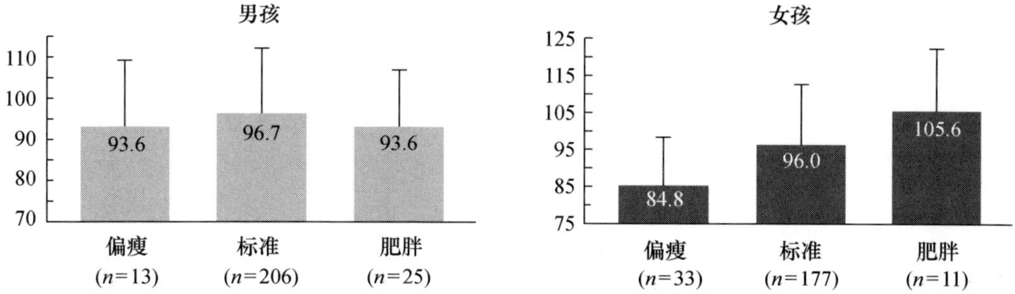

图 7.7　不同体形中学生的骨密度

四、孩子们的哮喘、过敏和运动

（一）孩子们的哮喘、过敏现状

随着近年来生活环境的变化，患上哮喘或其他过敏症的孩子的数量在逐年增加。日本学校保健统计调查中的一项“学校类型、疾病和异常患病率等的年份变化（1967～2011 年）”显示，40 年前小学生的哮喘患病率仅为 0.25%，而到 2011 年这一比例已经增加到了 4.34%（图 7.8）。此外，过敏性鼻炎的全国流行病学调查显示，1998 年的患病率为 19.8%，到了 2008 年，患病率达到了 23.4%，增加了近 4%。

哮喘是指在呼吸的时候发出呼哧呼哧的喘鸣声，让呼吸变得困难的一种疾病。患病的主要原因是在呼吸的时候吸入了螨虫或飞尘等过敏原，使得支气管黏膜上发生了免疫反应（IgE 抗体的产生），由此引发了呼吸道炎症和气流受限，使人在呼吸时产生了喘鸣声。特异反应性体质的孩子和呼吸道过敏性较高的孩子比较容易得哮喘病。

患有哮喘病的孩子在做运动 5～10 分钟后，很容易出现短暂性的呼吸困难（运动诱发性哮喘），于是渐渐地这些孩子就会尽量避免运动，同时，这些孩子的家长和医疗人员也有可能会限制他们进行身体活动。哮喘发生的原因——反映呼吸道炎症状态的呼出气一氧化氮浓度（FeNO）越高，日常步数和伴随游戏的高强度活动时间就越短；同时，对于患有过敏性鼻炎的孩子，由于他们更容易发生呼吸困难的情况，所以他们的步数和高强度活动时间也越少（图 7.9）。由于哮喘和过敏引起的身体活动量的减少有可能会对孩子们的身心发育产生不良影响，所以家长需要更加注意，及时采取相应的措施。

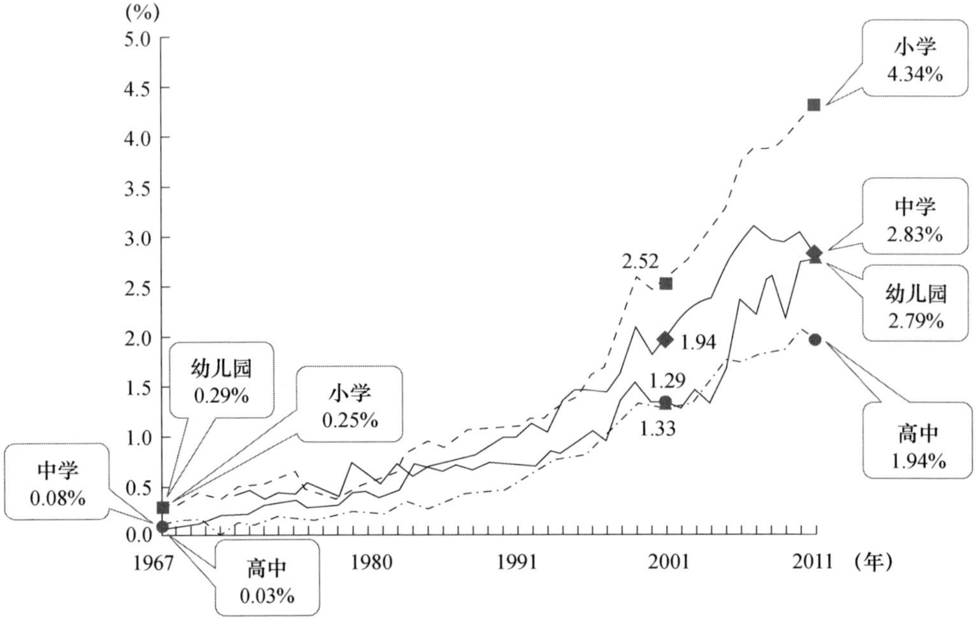

图 7.8　不同学校类型的哮喘病患者的年份变化

资料来源：2011 年学校保健统计调查。

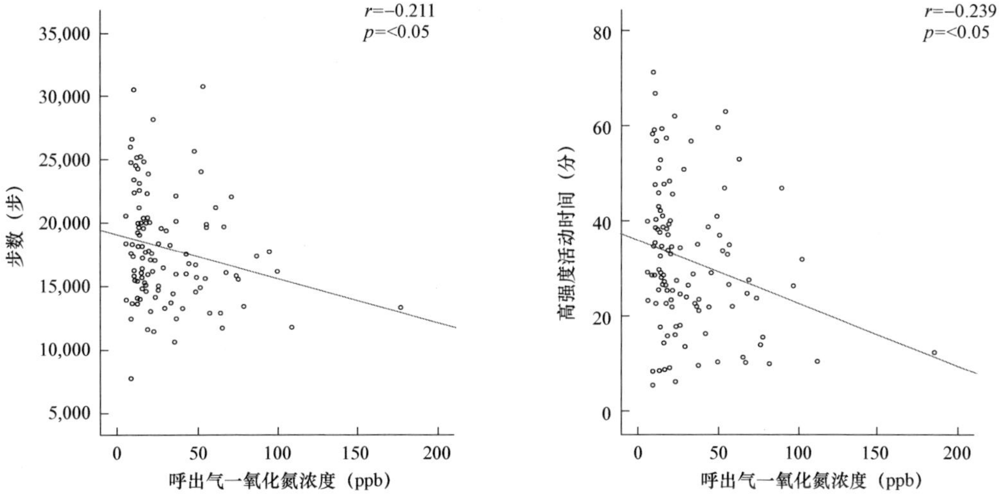

图 7.9 呼出气一氧化氮浓度与步数、身体活动强度之间的关系

（二）哮喘孩子的运动疗法

对身体活动量较少、体质较差的患有哮喘病的孩子实施运动疗法后，关于其效果的研究结果如下。总结来说，该研究先是通过渐增运动负荷试验得知每个人的乳酸阈值，然后以这个值的 75%～120%的运动强度安排实验对象每周进行 180 分钟的功率自行车或者游泳运动。持续 6～8 周后，发现实验对象的最大摄氧量有所增加，且每分通气量有所减少，由此可知出现运动性哮喘的可能性很小。此外，研究还发现运动疗法有助于改善呼吸道过敏，同时还能降低呼出气一氧化氮的浓度和减轻呼吸道炎症。因此我们认为，对于患有运动性哮喘的孩子来说，在充分保障安全的前提下，恰当地进行一些身体活动其实是十分有利的。为了保障运动的安全性，在做运动指导时可以采用如下方法：安排孩子们做数次时长为 6 分钟的固定运动负荷试验，运动强度维持在乳酸阈值的 50%～175%，在把握好不会引发运动诱发性哮喘的强度的基础上，一边监测心率的变化，一边安排孩子们进行运动。虽然有人可能会觉得安排渐增运动负荷试验或固定运动负荷试验，同时还要时刻监测孩子们的心率会比较困难，但是研究表明，通过给孩子们传达这种程度的呼吸困难是没有问题的信息，有可能逐渐提高孩子们的身体活动量。

由于干燥的空气等因素也会诱发运动性哮喘，所以建议孩子们选择游泳等在湿度较高的环境中进行的运动，或戴上口罩做运动。除此之外，由于运动性哮喘在发生一次之后短时间内不会再发生第二次，所以可以通过先做一些强度较低的运动将其提前诱发出来，或者也可以服用β2 支气管扩张剂、色甘酸钠等药物后再进行运动，这样也会起到一定的预防效果。

练习题

在括号内填入适当内容：

1. 现在积极参与体育运动和不参与运动的孩子呈现出的（　　　　）现象在进一步加剧。

2. 现在暴食与运动不足导致的儿童肥胖率是 30 年前的（　　）倍。

3. 腰围身高比超过（　　　　）可判定为腹部型肥胖。

4. 研究显示，在运动量与骨密度呈（　　），且这一关系在女生身上尤为显著。

5. 在运动后 5～10 分钟引起短暂性呼吸困难的现象被称为（　　　　）哮喘。

第八章　促进青年期健康的运动

本章重点：

※了解人一生都要保持正常体重，这对于健康来说意义重大。

※理解脂肪细胞不仅是用来储存能量的，还能分泌各种各样的生理活性物质。

※理解基础代谢占一天消耗能量的六成，并了解控制体重的基本在于身体活动和饮食内容（三大营养素的摄取比例）。

※了解妊娠期可推荐的身体活动。

一、脂肪细胞和健康

经常被视为有害的“脂肪细胞”实际上是机体分泌出的一种不可或缺的生理活性物质，对于健康来说必不可少。一种名为脂联素的脂肪细胞便来自生理活性物质，生理活性物质能够有效抑制血管壁炎症，对于糖尿病、高血压、动脉硬化相关疾病有很好的预防作用。另外，它还能阻碍单核细胞黏附在血管内皮细胞上，防止平滑肌细胞的增殖，阻止巨噬细胞中胆固醇的积累（图 8.1）。在日本，缺血性心脏病和脑血管疾病等动脉硬化性疾病是位于前列的死亡因素，所以从预防角度出发，脂肪细胞扮演了很重要的角色。

> 知道了会很有用！
>
> **内脏脂肪的两性差别**
>
> 虽然女性和男性的总脂肪量相同，但男性比女性的内脏脂肪量更多。这和人类发展的漫长历史有关，男性要狩猎和防范危机，所以能够迅速调动起来的内脏脂肪比例就比较高，而女性由于要育儿，所以皮下脂肪较多。

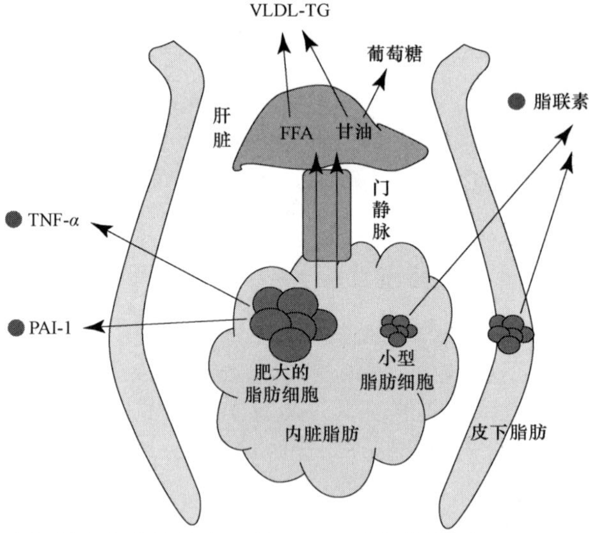

VIDL-TG：极低密度脂蛋白合成的甘油三酯；FFA：游离脂肪酸；TNF-α：肿瘤坏死因子α；PAI-1：纤溶酶原激活物抑制剂-1。

图 8.1　脂肪细胞分泌的主要生理活性物质

资料来源：松泽佑次. 肥胖研究. 2006，12（2）：95. 参考后制作。

脂肪组织分为褐色脂肪细胞和白色脂肪细胞。褐色脂肪细胞是直径 20～50 微米的小型细胞，富含线粒体，能大量产热，调节能量平衡。此外，占脂肪组织 95% 以上的都是白色脂肪细胞，直径在 10～150 微米之间（平均直径是 60～90 微米）且富于变化，随着能量收支的不同，细胞大小会发生很大的变化。一般情况下，我们所说的体脂肪就是指白色脂肪细胞。

图 8.2 所示的是分别用高脂肪食物和普通食物饲养老鼠，然后对其脂肪细胞数量和大小及体重进行比较得出的结果。经过 14 周以后，高脂肪食物组老鼠的体重和脂肪细胞大小是普通食物组的 1.2～1.4 倍，但两组的脂肪细胞数量几乎无差别。到了第 30 周的时候，高脂肪食物组老鼠的体重进一步增加，但脂肪细胞大小和第 14 周时相比没有变化。然而，此时高脂肪食物组老鼠的脂肪细胞数量是普通食物组的约 2.3 倍，这便体现在体重的差异上。也就是说，在初期，体重增加是因为脂肪细胞增大，等到脂肪细胞增大到一定程度（140～150 微米）时就不会再继续变大了，在此之后，脂肪细胞数量会增加，导致体重继续增长。脂肪细胞数量一旦增加就不会减少，所以要趁着脂肪细胞数量还未增加时采取改善肥胖的措施，一般认为临界值是 BMI 为 28 左右。

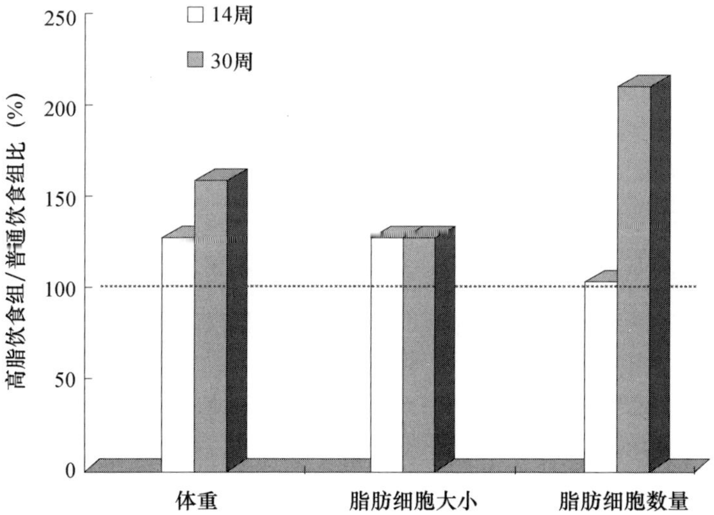

图 8.2　高脂肪食物负荷下的脂肪细胞大小和数量变化

资料来源：春日雅人等. 肥胖研究. 2007，13（2）：124. 参考制作。

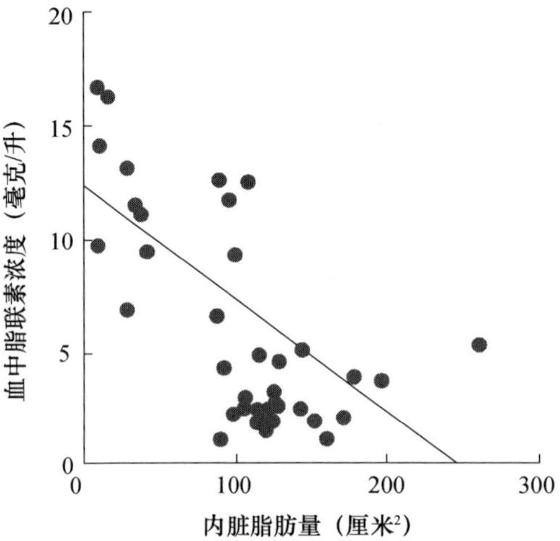

图 8.3　内脏脂肪量和脂联素量的关系

资料来源：前田和船桥. 肥胖研究. 2004，10（1）：22.

前面提到的有益物质脂联素是由小型脂肪细胞大量分泌出来的，肥大的细胞分泌的脂联素很少（图 8.3）。另外，过度积累的内脏脂肪会大量分泌有害的生理活性物质，如引发动脉硬化的纤溶酶原激活物抑制剂-1 和肿瘤坏死因子 α（参照图 8.1）。

此外，胰脏分泌的具有降低血糖作用的胰岛素与脂联素的分泌量呈正相关。餐后，血糖值会短暂上升，然后在胰岛素的作用下，2～3 小时后下降到饭前的水平。胰岛素敏感性降低的时候（胰岛素抵抗性的状态），血糖值不会迅速下降，持续高血糖状态会导致代谢异常，从而患上糖尿病。如果内脏脂肪还在不断积蓄，脂联素分泌量会继续降低（低脂联素血症），患上糖尿病、高血压、动脉硬化、心力衰竭等的风险就会变高。因此，保持适度的脂肪量对健康非常重要。

脂联素是在 1996 年被发现的。在此之前约 30 年，即 20 世纪 60 年代，就已经有围绕 7 个健康生活习惯的社会调查，并提出要“保持正常体重”。这 7 个健康生活习惯是“定期运动”“不吸烟”“适度饮酒或不饮酒”“7～8 小时的夜间睡眠”“吃早餐”“不吃不必要的零食”“保持正常体重”。践行这些健康生活习惯的人群和不践行的人群相比，死亡率相差数倍，由此说明生活习惯对人类寿命有很大的影响。当时人们认为脂肪细胞的作用是贮藏能量，但到了现在，人们已然清楚它会分泌各种各样的生理活性物质，而且维持适度的体脂肪量与预防糖尿病、动脉硬化相关疾病有着密切联系，甚至可以说有助于降低心脏疾病及脑血管疾病的风险。“保持正常体重”这种说法有些不太严谨，应该说维持适当的脂肪量。

由此可见，成长期结束后的青年期，甚至是整个人生，都要把保持正常体重作为健康的目标之一。有人指出，由于身体活动量的减少，孩子们容易在暑假等长假时形成肥胖（参照第七章）。在高中前，学校应保证每周 2～3 次的体育课；而在此之后的生命阶段，每个人都要为了保持健康的生活方式、保持正常体重而努力。

二、减重和身体成分

肥胖的定义为“体内积累过多脂肪的状态”，所以不能只用体重指数 BMI 来判断肥胖，还应结合身体成分进行考量。换句话说，体重=体脂肪量+去脂体重，体脂肪量（Fat Mass，FM）占体重的比例就叫作体脂肪率（图 8.4）。男性的体脂肪率在 25%以上、女性在 30%以上时就是肥胖。

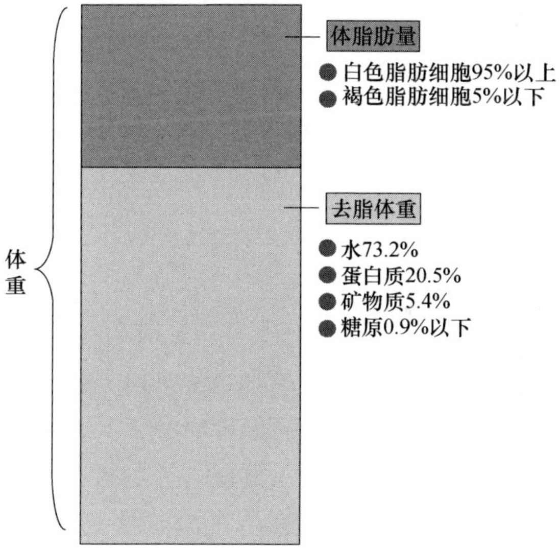

图 8.4　身体成分

近年来，市场上销售很多能够简易测量体脂肪率的体脂肪秤。体脂肪不导电，但它以外的组织容易导电，利用这一特性，让微弱的电流通过身体内部，从而推测体脂肪率。但由于体脂肪率会受到身体水分含量和流汗等很大的影响，所以起床和泡澡后，以及运动后测量的话，即使是一天之内得到的数值都会有很大的差异。比如，早晚称的体脂肪率分别是 22%和 20%，相差 2%，以体重 50 千克的人为例，其体脂肪量从早到晚减了约 1 千克（=50×0.02）。然而，要想让脂肪减少 1 千克 的话，需要 9 000 千卡（1 克脂肪=9 千卡）的消耗量，如果通过运动来减少的话，相当于需要慢跑 28～29 小时（按 6 代谢当量计算）。因为体重 50 千克的人一天的食物摄取能量在 1 800 千卡左右，所以即使是绝食也不可能让体脂肪减少 1 千克。

知道了会很有用！

代谢当量

简易计算身体活动的消耗能量时，一般使用代谢当量（Metabolic Equivalents，METs）。代谢当量不区分体育运动和日常活动，表示的是身体活动的强度相当于安静时氧气摄取量［≈3.5 毫克/（千克・分$^{-1}$）］的几倍。代谢当量乘以体重和运动时间，可以算出消耗能量。1 代谢当量约是 1.05 千卡/（千克・时$^{-1}$），以体重 50 千克的人慢跑（按 6 代谢当量算）1 小时为例，所消耗能量为 1.05［千克/（千克・时$^{-1}$）］×6（代谢当量）×50（千克）×1（小时）≈315 代谢当量。

不过，如果做 3～4 小时的高强度运动的话，可能暂时让体重减轻 1 千克以上。作为能量基质，低强度运动消耗脂肪，而高强度运动则消耗糖。剧烈运动会调动肌肉等地方贮藏的糖原，这时消耗 1 克糖原（=4 千卡）就有 3 克水分跟着一起流失。所以剧烈运动后，体重虽然减轻了，但流失的大部分是水分，而脂肪是不可能在短时间内大量减少的。另外，运动后适当饮食的话，在 24 小时内糖原会恢复到之前贮藏的水平，体重也几乎会恢复如初。

有计划地增加或减轻体重叫作控制体重。要按照计划，根据目的的不同增加或减轻体重，而且有必要将体重分成体脂肪量和去脂体重（肌肉、骨头等，）来对待。减重的时候，可以只控制饮食，也可以只增加运动量，或者双管齐下，无论哪一种方式都能减少体脂肪量。但是，要尽可能地不减少去脂体重而只减轻体脂肪量。

轻度肥胖时，如果只靠控制饮食减重的话，不仅是体脂肪量会减少，而且去脂体重也会减轻。肌肉量的减少会直接导致基础代谢降低，原因是肌肉中合成、分解蛋白质和维持体温所带来的消耗量大约占了基础代谢的一半。实际上，静息代谢量和夜间体重减轻量呈正相关（图 8.5）。肌肉量减少导致的减重，会让人一时产生效果显著的错觉，但实际上基础代谢降低容易造成易胖体质，希望大家都能够尽早了解这一点。

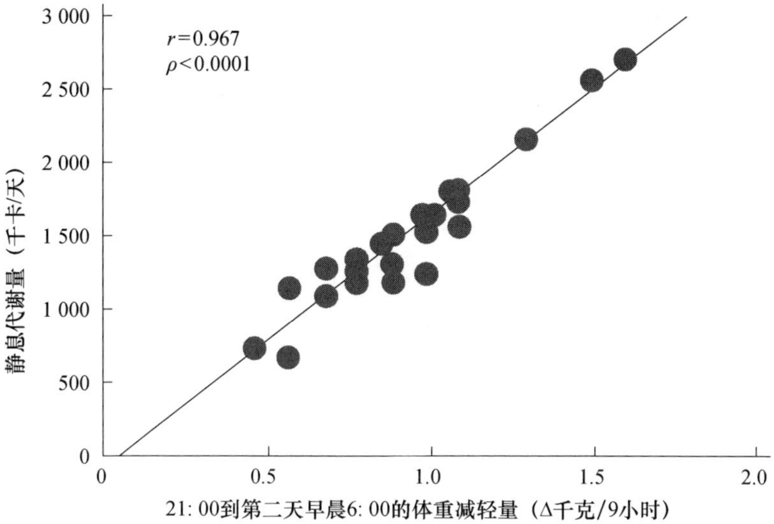

图 8.5　静息代谢量和夜间体重减轻量的关系

资料来源：斋木厚人等. 肥胖研究. 2005，11（2）：162.

> 知道了会很有用！
>
> **糖类的摄取限制**
>
> 让大脑运转起来的能量底物是葡萄糖。葡萄糖含有大量的能量，由于无法由脂质合成，所以葡萄糖（糖类）含量不足时，通过分解肌肉（蛋白质）会产生新糖。减重时如果持续限制糖类（碳水化合物）的摄取，会导致肌肉量减少、基础代谢量变差。

更严重的是，体重在基础代谢率很低的状态下反弹的话，身体成分较之前而言会更加恶化。举例来说，图 8.6 所示的是一个模拟实验，身高 155 厘米、体重 60 千克、体脂肪率为 30.0%的女性通过控制饮食减重 2 千克，但之后体重反弹，以此演示整个过程中其身体成分变化。一般情况下，控制饮食减重减掉的 2 千克，其中 3/4（1.5 千克）体脂肪量，剩下的 1/4 是 0.5 千克的去脂体重。18 千克（=60 千克×30.0%）的体脂肪量在控制饮食后减为 16.5 千克，体脂肪率变成了 28.4%（=16.5 千克÷体重 58 千克），勉强低于 30%。但当体重反弹，增加的 2.0 千克几乎都是体脂肪。所以此时的体脂肪率变成了 30.8%（=18.5 千克÷体重 60 千克），与之前相比，身体成分有所恶化。体重像这样反反复复增减，被称为体重循环现象或 YOYO 现象。所以，我们不仅要维持适当的体重，还要关注身体成分是否合理。

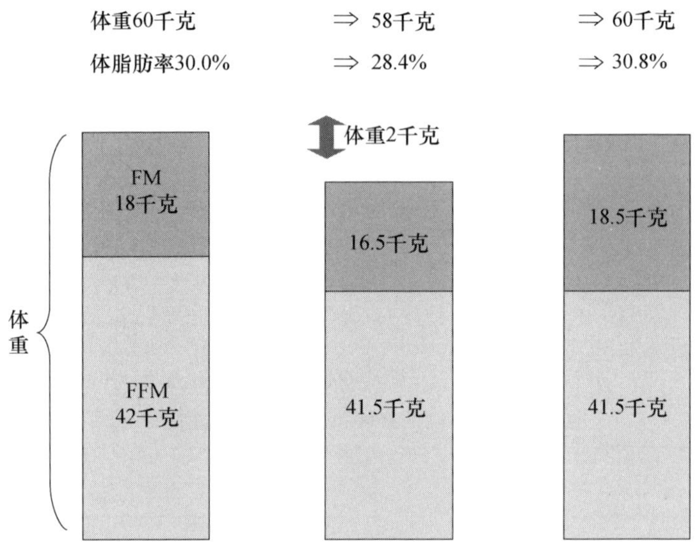

FM：体脂肪量；FFM：去脂体重。

图 8.6　控制饮食带来的体重减轻和反弹时的身体成分

三、饮食习惯的变化和肥胖

20 世纪 70 年代中叶，日本人日均总摄取能量是 2 200 千卡，在此之后开始减少，到 2010 年为 1 850 千卡左右。尽管每日能量摄取减少了 350 千卡左右，但肥胖和糖尿病人数却在增加，这是因为身体活动量在大大减少。另外，与每人所拥有的车辆数增加相对应，2 型糖尿病患者数量大幅增加，肌肉活动减少的影响巨大（参照第二章）。

此外，三大营养素的摄取比例也发生了变化。其中，蛋白质的摄取没有发生太大的变化，但碳水化合物的摄取骤减，取而代之的是脂肪的摄取有所增加（图 8.7），一天总摄取能量中三大营养素的合理占比是糖类为 60% 以上，脂类在 20%～25%。另外，各种各样的研究表明，脂类易贮藏，更易诱发肥胖。

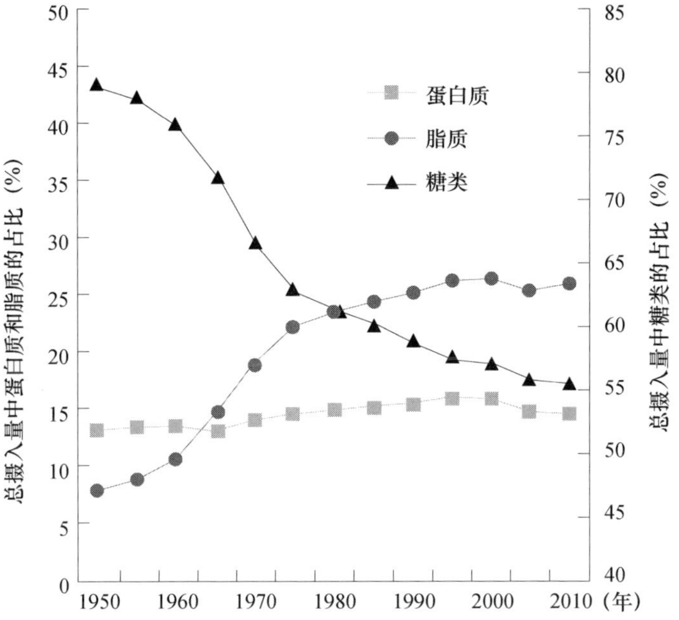

图 8.7 日本人三大营养素摄取比例的年份变化

资料来源：日本国民健康营养调查。

> 知道了会很有用！
>
> **肥胖大国美国**
>
> 在美国，BMI 为 30 以上的人占比超过 30%，因此，美国是名副其实的肥胖大国。在美国人一天的总摄取能量中，脂质的摄入比例是 40%，远高于日本。

举个例子，我们在吃饭时和吃饭后，有过体温升高和出汗的体验，这是摄食行为（咀嚼和嗅觉、味觉的刺激等）导致的自主神经系统的产热和消化吸收等反应，同时伴随着能量消耗反应。这种反应叫作食物诱导产热（Diet-induced Thermogenesis，DIT），摄取能量的一部分转化成了热能，继而发散出去，会在餐后持续 5～6 小时。一般情况下，摄取的能量会因 DIT 损失 30%的蛋白质、6%～10%

的糖类、4%～5%的脂质。也就是说，高糖类食物的 DIT 比高脂肪食品更多，能量的消耗也更多。所以近年来，随着碳水化合物摄取的减少和脂肪摄取的增加，DIT 减少，能量更易贮藏于脂肪细胞内。

另外，还有研究探讨餐后 24 小时的代谢变化，摄取过剩的蛋白质和糖类会被优先代谢掉，而脂肪会被再次贮藏（图 8.8）。与因身体活动而消耗的能量相比，通过饮食更易摄取能量，特别是脂肪的过剩摄取，会大大增加体脂肪量。

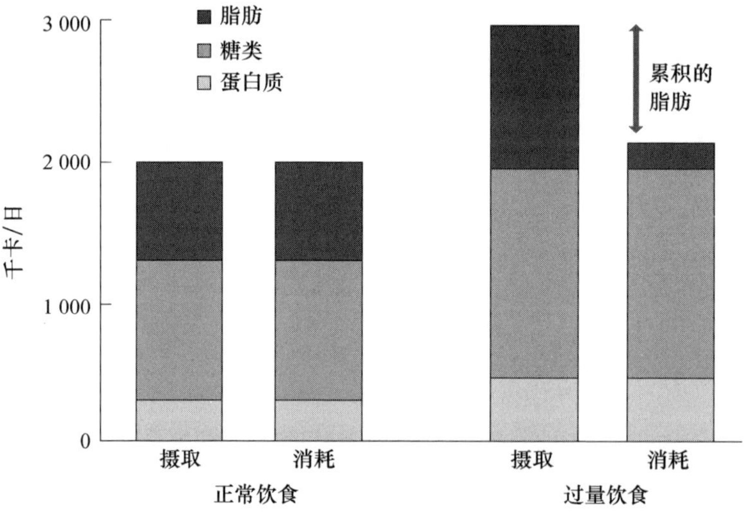

图 8.8　年轻男性在正常饮食和过量饮食时营养素的消耗

注：过量摄入共计 1 000 千卡的饮食后，24 小时内，蛋白质和糖类会被代谢掉，唯独脂肪被贮藏起来。

资料来源：E.Jequier，L.Tappy. *Physiol*，*Rev.*，1999，79：451. 有改动。

四、肥胖和自主神经

大多数的肥胖者在生活中通常都不爱活动，导致交感神经等自主神经系统机能低下，能量消耗机制减弱。于是，就有人提出了 MONA-LISA（Most obesites known are low in sympathetic activity.）假说。自主神经促进褐色脂肪细胞的散热和白色脂肪细胞的脂肪分解，与能量代谢密切相关。事实上，在服用交感神经阻断药纳多洛尔和普萘洛尔后，自主神经系统的药理性会使静息代谢量明显下降，由此可见，自主神经系统机能的减弱使得能量代谢下降，有助于体脂肪的积累。仅靠控制饮食的减重会进一步降低自主神经系统机能，使得能量难以被消耗掉。运动（肌肉活动）时，为了调动起自主神经系统——血流的再分配（参照第六章）和体温调节，有必要对自主神经系统机能进行训练。事实上，一项使用功率自行车进行的研究表明，中等强度下运动 30 分钟，每周 3 次，共进行 12 周，能够明显提升心脏自主神经系统的活动指标。

自主神经

自主神经分为交感神经和迷走神经，它主要对呼吸循环、体温、消化、代谢等进行自主调节。比如，紧张和运动时心率变快是迷走神经活动减弱，交感神经活动增强所造成的。

近年来，做家务等日常生活活动中的非运动性活动产热（Non-exercise Activity Thermogenesis，NEAT）在减少，这本身就与肥胖有关，并与 2 型糖尿病等的发病密切相关。纵观日本人的能量消耗，其各项的平均占比是，60%为基础代谢量，10%是 DIT，0～5%是运动，剩下的 25%～30%是 NEAT，所以 NEAT 对能量消耗的影响非常大。如果不定期进行体育运动和慢跑等运动的话，应该有意识地在日常生活中增加肌肉活动。事实上，一项关于身体活动减少和血糖控制关系的研究报告显示，对于平时每日走 10 000 步以上的健康人群来说，如果连续三天都是不足 5 000 步的低活动水平生活的话，餐后的血糖控制会出现明显的恶化（图 8.9）。这再一次证明了日常生活中身体活动的重要性。

此外，最近有研究表明，“定期进行体育运动，远离代谢综合征”这句话也不一定准确。该研究以每周进行 2.5 小时以上的中等及高强度运动人群为对象，研究看电视时长与腰围的关系，发现看电视时间越长，腰围越大。所以应该减少每日坐着的时间，多站多走，上下楼时多走楼梯，勤运动，增加 NEAT，从而影响自主神经系统机能，这也能有效预防肥胖和糖尿病。

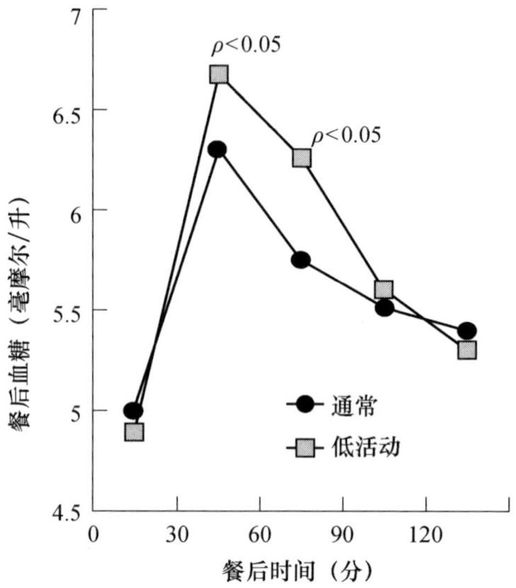

通常（●）：平均 12 956±769 步；低活动（■）：平均 4 319±256 步。

图 8.9　三天的低活动水平生活对餐后血糖值的影响

资料来源：C.R.Mikus et al. *Med. Sci. Sports Exerc.*，2012，44：225. 参考制作。

五、妊娠期的运动实践

在日本，20～30 岁女性有运动习惯的人数比例最低，仅 15%左右。尤其是妊娠期的女性，恐怕更是不会活动了。一般情况下，妊娠期女性的身体活动量很小，体重主要增加的是体脂肪量，很有可能会导致肥胖，从而致使慢性疾病患病风险增加。其实，妊娠期如果体重增加过多，会使妊娠高血压症候群、糖耐量异常、剖宫产、吸引产、产钳产等的风险增加。另外，在孩子出生后，产妇呼吸循环系统指标（最大摄氧量等）会下降，即使生产过后 27 周也无法恢复到妊娠前的水平。

在得到医生的许可后，定期做运动有助于妊娠和分娩。在妊娠期做运动，能减少早产风险、降低剖宫产率，住院时间也会缩短。另外，定期做运动对于妊娠关联障碍之一的腰疼的减轻也很有效果。除此之外，妊娠期间孕妇情绪变化很大，有可能会患上抑郁症，但研究表明做运动能改善心境状态量表（Profile of Mood States，

POMS）数据。不过，患有习惯性流产、子宫乏力、妊娠高血压、胎盘前置、重度心脏病、糖尿病、肾脏病并发症等疾病的高危孕妇不能做运动。一般孕妇在医生的许可下，妊娠 12～14 周以后可以开始做运动，这具有缩短分娩时间和防止新生儿体脂率过高的效果。那么，什么样的运动适合妊娠期进行呢？

1985 年，美国妇产科医师学会（ACOG）发布了针对孕妇的运动指南，日本妇产科学会在 2003 年也做出了各项规定。2002 年发布的 ACOG 指南推荐孕妇每天尽可能地进行 30 分钟左右的中等强度的有氧运动，因此，像健步走这样的低强度运动，每周进行 150 分钟是远远不够。有一项以日本怀孕女性为对象的研究，探讨妊娠期时每周做 2 次以上运动（一次 60 分钟的孕妇保健操，孕妇保健操是指面向孕妇、以有氧操为主的运动）和孕妇皮褶厚度变化的关系，发现运动组的皮褶厚度到生产期没有变化，而对照组（不运动的组）的皮褶厚度则明显增加（图 8.10）。在这个研究中，运动组的运动次数是每周 2～5 次，由于运动频率不尽相同，所以该研究也对运动次数和妊娠期的皮褶厚度变化做了探讨，发现运动频率在每周 3 次（共 180 分钟的孕妇保健操）可以抑制皮褶厚度的增加。孕妇如果在妊娠期获得了医生的许可，就要积极地参与运动，这对抑制脂肪增加和体力下降有明显帮助。（图 8.11）

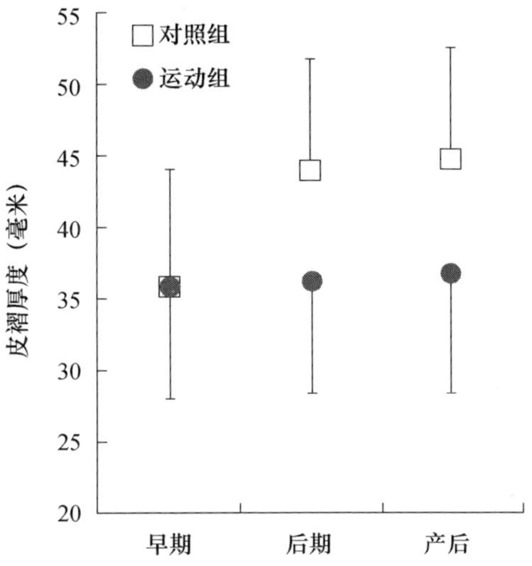

图 8.10 妊娠期有无运动和皮褶厚度变化的关系

注：皮褶厚度为上臂肱三头肌和肩胛骨下部的总和。在对照组里，从妊娠初期到产后，皮褶厚度增加了约 8 mm（$p<0.05$），而运动组（$n=21$）几乎没有变化。

资料来源：柴田等. 肥胖研究. 2009，15（3）：278. 有改动。

心境状态量表（POMS）

使用紧张—不安、抑郁—低落、生气—敌意、活泼、疲劳、混乱等情绪量表来评价感情状态的问卷法。

图 8.11　孕妇保健操实践场景

资料来源：日本孕妇健康协会。

练习题

在括号内填入恰当内容或选择恰当选项：

1. 脂肪组织分为褐色脂肪细胞和（　　　），其中（　　　）能大量产热。
2. 体脂肪增加初期，（　　　），在此之后，（　　　）。
3. 2002 年，美国妇产科医师学会推荐的孕妇每天运动量约为（　　　）分钟。
4. 日本人每日总消耗能量中基础代谢和运动占比正确的组合是（　　　）。
   a. 基础代谢 40%、运动 40%
   b. 基础代谢 40%、运动 20%
   c. 基础代谢 60%、运动 3%
   d. 基础代谢 60%、运动 20%

第九章　促进中老年健康的运动

本章重点：

※日本正迎来老年人比例超过全国人口 21%的超老龄社会。即使已进入老年，也不要靠看护来生活，在身心上都能够独立，是大多数国民的愿望。了解被看护人群的背景，并了解习惯性的身体活动对健康寿命的延长有何种贡献。

※了解身体机能伴随着年龄增高所产生的变化，深入学习中老年时期必要的健康促进运动的实践知识。

一、体质与健康寿命

（一）从步行速度预测预期寿命

中老年人在健康生活的基础上，还应当重视体质。例如，在分析了针对老年人的 9 项队列研究（其中每项队列研究均有 400 多名调查对象并包含了每个研究对象的步行速度数据，研究至少追踪 5 年）后发现，老年人平时的步行速度与生存率之间存在显著的关系。其中一项研究的研究对象有 34 485 人，追踪时间最长为 21 年，该研究发现了不同年龄段老年男性步行速度与 5 年生存率的关系（图 9.1）。

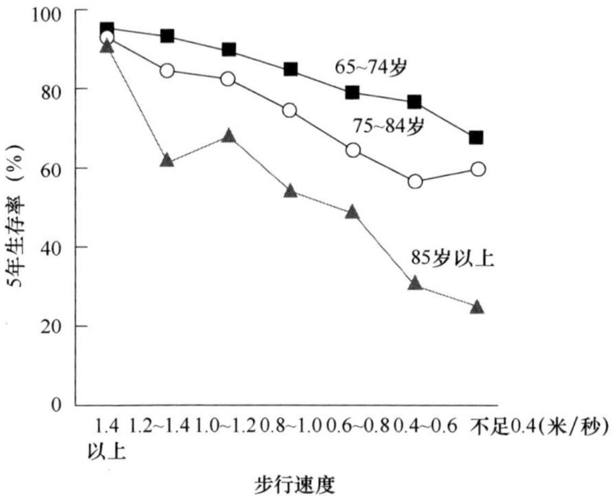

图 9.1　不同年龄段老年男性的步行速度与 5 年生存率的关系

85 岁及以上的男性群体中，步行速度超过 1.4 米 / 秒（时速约 5 千米）的人的 5 年生存率高达 91%；与此相对，步行速度越低 5 年生存率越低，步行速度不足 0.4 米 / 秒（时速约 1.4 千米）的人的 5 年生存率只有 25%。在 65～74 岁及 75～84 岁的男性中，也是一样的结果。这些结果表明可以通过步行速度来预测老年人预期寿命。

“行走”，可以说是人最基本的运动能力，人为了保证一定行走速度，使上体躯干周围的肌肉力量及支撑自己体重并进行移动的下肢肌肉力量等骨骼肌系统发挥作用是很重要的。另外，运输氧气等的呼吸循环系统机能是很重要的，但同时也要预防关节疾病及障碍。这也就是说，如果身体某处有疾患，就不能保持一定的行走速度。因此，每个人的行走速度可以反映其身体活动性，行走速度可以成为个人的生命指标。

事实上，某项研究的内容是对平均年龄为 74 岁的 439 名老年人提供一年的增进健康运动指导之后，对他们进行为期 8 年的追踪调查，在与死亡率相关的研究项目中发现步行速度对生存率有很大的影响，证明了提高步行速度能够降低死亡风险。这项研究在提供增进健康运动指导的过程中，以 3 个月为周期对调查对象的步行速度改善程度做评价。在运动指导前的准备工作中，研究人员推测，与一年后步行速度没有提高 0.1 米/秒以上的人群（占全体人数的 48%）相比，一年后能够看到改善的人群（占全体人数的 31%）在 8 年内死亡风险大约减少 50%，在 3～9 个月暂时得以改善的人群大约减少 25%的死亡风险。提高 0.1 米/秒的步行速度，换算成步行距离，相当于 1 分钟多行走 6 米，1 小时多行走 360 米，这种细微的改善能够促使老年人增进健康，对提高生存率有一定的贡献。

平时步行速度在 1.0 米 / 秒以上的老年人的身体机能属于良好，为了明确生存率的高低，可以将步行速度作为一个基准。步行速度没有专业知识也可以测量，所以能够作为简单预测预期寿命的指标在今后的各种场面进行活用。

（二）延长健康寿命和看护风险

那么，我们能够健康有活力地生存多久呢？日本国民的平均寿命在世界范围内处于领先地位，但这并不能说明每个人都能够长久健康生活。近年来，人们将能够身心独立地积极生活的阶段称为健康寿命，用来表述从平均寿命中去除卧床不起及由于痴呆症等需要看护的年数。根据 WHO 的数据，日本人的平均健康寿命为男性 73 岁，女性 78 岁，与平均寿命大约相差 6～8 年，也就是说日本人平均寿命后期是需要看护的。因此，预防看护要以延长健康寿命并提高生活质量等内容作为重点。

图 9.2 表明了 40～64 岁的调查人群中男性、女性分别需要看护的原因。中年人需要看护大多是因为患有脑血管疾病，其中男性比例为 58.3%，女性则超过 44.8%。除此之外，由于糖尿病和心脏病等生活方式病，男性需要看护的人数超过六成，女性也超出五成，所以在此年龄阶段预防看护的关键便是预防生活方式病。

包括高血糖、高血压、脂质代谢异常中两者或以上的代谢综合征，会导致动脉硬化相关疾病，如脑梗死等脑血管疾病及心绞痛和心肌梗死等缺血性心脏病。动脉硬化，是指负责通过血液向全身细胞组织输送氧气和营养素的动脉变硬、失去弹性的情况。伴随着动脉硬化，血管内壁中低密度脂蛋白胆固醇等各种各样的物质沉着，血液通道变窄，血管发生堵塞或破裂出血等情况。

在 65～74 岁的前期老年人中，与中年群体一样，脑血管疾病仍然占据第一位（图 9.3）。但是，在 75 岁及以上的老年人中，脑血管疾病的比重与前期老年人相比，无论男女都减少了一半，取而代之的是伴随着高龄的衰老，骨折、跌倒、关节疾病等与身体机能降低相关的情况有所增加。因此，75 岁及以上的老年人不仅要注意预防生活方式病，更要注意增强体育锻炼，预防运动机能降低。

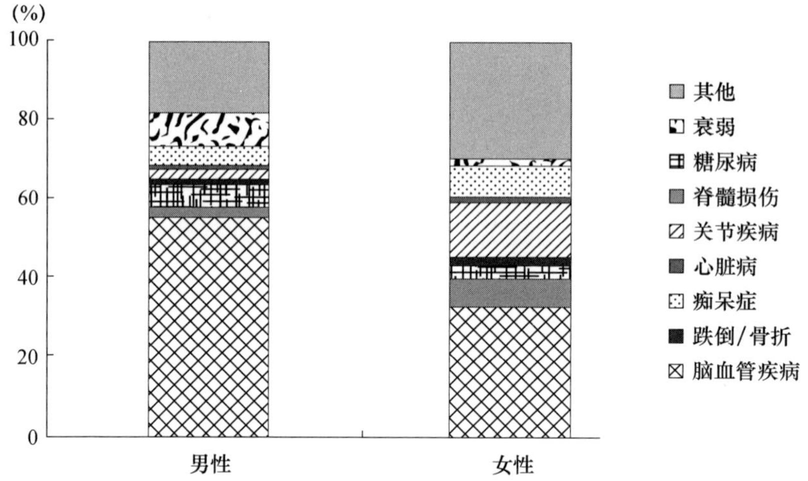

图 9.2　40～64 岁的人群需要看护的原因

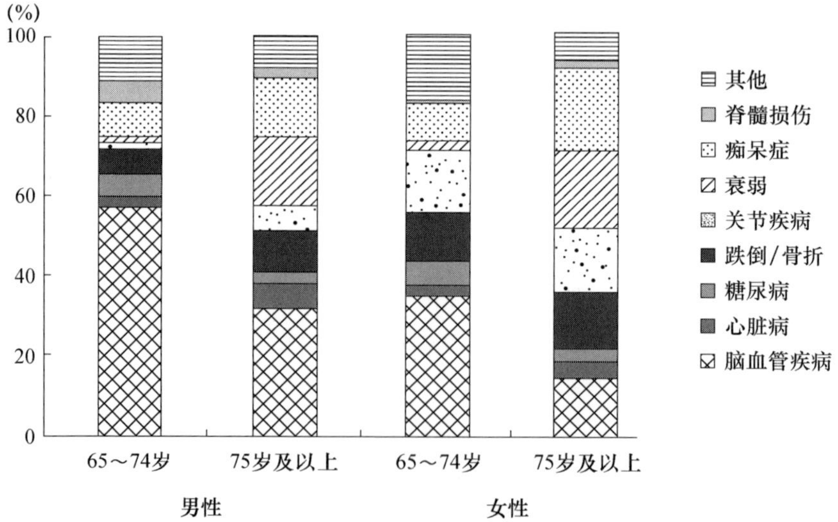

图 9.3　老年人需要看护的原因

年龄增长和运动器官相关疾病所引起的需要看护的状态被称为运动器官障碍综合征，其与代谢综合征及认知障碍并称为三大健康寿命障碍。因此，为了延长健康寿命，预防运动器官障碍综合征、代谢综合征及认知障碍至关重要。

> 知道了会很有用！
>
> **successful ageing**
>
> 有活力的生活会提高人的满足度。这与伴随着年龄增长而产生的老化相对，指保持着与身体、精神、文化方面适宜的体质水平的状态（健康长寿）。与此相对，虽然没有患病，但是由于不活动筋骨而产生的各个部位的退化现象的状态称为 usual ageing。

二、伴随着年龄增长而产生的身体机能变化

伴随着年龄增长人的身体机能具体会产生什么样的变化呢？人的体质在 20 岁年龄段处于顶峰时期，虽然人与人之间存在着体质上的差异，但每个人的体质都会随着年龄增长而有所下降。图 9.4 展示了各种体质指标伴随年龄增长产生的变化，

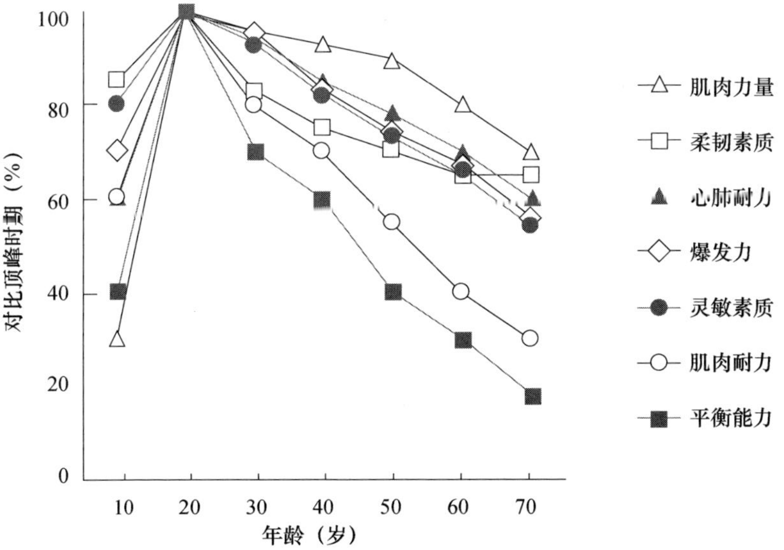

图 9.4　身体机能伴随年龄增长的变化

从中可以看出随着年龄增长所有体质要素都有所降低。这些体质指标的降低，可以反映出构建人体肌肉骨骼系统的肌肉和骨骼随人的年龄所产生的变化。一般情况下，30～40岁的成年人的肌肉量每年减少0.2千克，进入50岁年龄层后每年减少0.45千克；另外，人体的骨量会在50岁后急剧减少，特别是女性闭经后，由于激素分泌减少，骨量会显著减少。

这种人们在中老年时期所发生的肌肉骨骼系统的变化，可以通过身体机能随年龄增长而产生的生理性减退及伴随生活方式的改变而产生的日常身体活动量减少和运动强度的降低两方面加以说明。因增龄而产生的变化，是即使每天都进行体育锻炼的专业运动员也必定会经历的生理变化。但是，不运动或运动不足（运动量少和运动强度低）可以通过改变生活方式加以改善，所以保证适度的身体活动量与适宜的运动强度，就能把身体机能降低的速度减慢一半。

（一）肌纤维数量的减少

伴随年龄增长，肌纤维数量一般都会有所减少，这主要是由于快肌纤维的萎缩，若萎缩症状一直持续，严重时会发展为肌少症（sarcopenia），从而引起人们日常生活活动能力及生活质量的低下。另外，一项对平均年龄90岁的脆弱超高龄人群进行为期8周的高强度抗阻运动训练的研究发现，研究对象大腿肌肉横断面积平均提高了9%，腿部肌肉力量及步行速度有了大幅改善。

> 知道了会很有用！
>
> 肌节
>
> 人们所说的肌节是肌原纤维的基本单位，是指肌原纤维中两条相邻Z线之间的一段肌原纤维（肌肉收缩的基本单位）。肌节减少也就是有肌肉量减少症状的肌少症。

该研究说明，有些不使用的身体机能会衰退，但即使这引发了暂时的机能低下，之后也可以通过运动维持甚至提高已经降低的身体机能。

事实上，对平均进行38年、月平均跑步距离为60千米、平均年龄为64岁的大师赛运动员的胫骨前肌的运动单位数做评价的研究发现，他们的胫骨前肌的运动单位数约为同年龄段人的 1.5 倍，即使是与年轻人（平均年龄 27 岁）相比也无太大差别。长年运动的生活方式不会减少人们的肌纤维数量，反而还维持了肌肉的机能。

（二）骨量减少（骨质疏松症）

骨量减少（骨质疏松症），会引发骨骼支撑人体作用的降低（图 9.5），同时还容易引发关节疼痛及骨折，从而导致活动不便，甚至增加因病卧床的风险。通过骨质疏松的症状，我们可以了解到肱骨（胳膊根部）、桡骨远端（手腕）、脊柱（背骨）、股骨（大腿根部）等容易骨折的身体部位。研究发现，由于关节变形而进行股关节或膝关节置换术的 8 成对象为女性，研究人员也因此将预防女性的骨量减少作为研究课题。

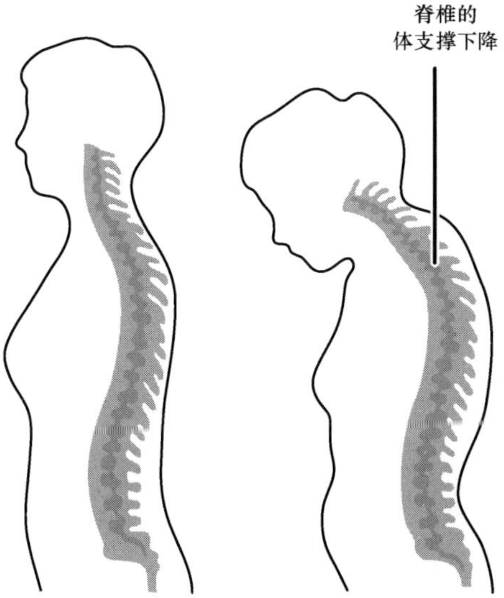

图 9.5　脊椎的骨质疏松与姿势的变化

> 知道了会很有用！
>
> **钙质的流失**
>
> 钙是细胞机能调节的中心，在血液中要有一定浓度（9～11 毫克/分升）的钙。血液中钙浓度低下的原因有钙摄取不足、过度摄取垃圾食品、运动不足等，这些因素使身体的骨吸收能力增强，导致了骨量的减少。

骨骼根据人的生活节奏和运动强度，通常进行着吸收、形成的循环过程，然后对其构造和强度产生影响。骨吸收（通过破骨细胞进行骨溶解）大约需要 10 天，骨形成（通过成骨细胞向骨骼输送钙沉着）需要 3～5 个月，每年大约置换 30%。摄取充分的钙质和骨骼长轴方向的力学刺激，可以促进骨骼的形成，增加骨量。相

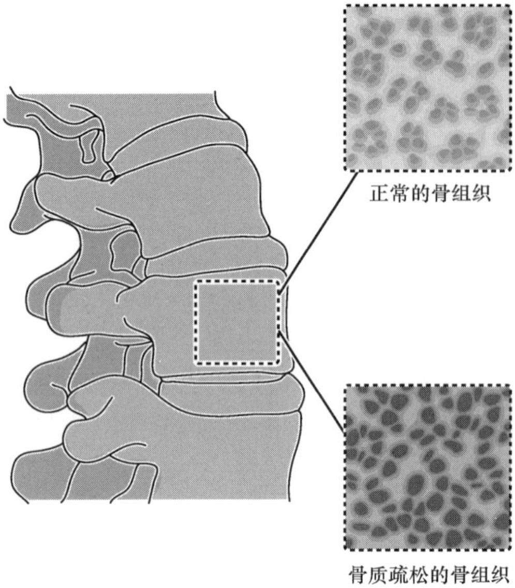

反，卧床休息等长期不运动，就会减少对人体的力学刺激，骨形成和骨吸收的平衡就会因为骨吸收成为主导被打破，这样就会导致人体骨量的减少。

实际上，一项对超过 2 400 名调查对象进行的普通成年人的骨量与闲暇时间的生活方式关系的研究，结合第一次调查与相隔 20 年后的第二次调查发现，任一调查中在闲暇时间进行健步走及休闲活动或者园艺等每周活动 4 小时以上的人群，比通过阅读书籍或观看娱乐视频度过闲暇时间的人群的骨密度数值更高（图 9.6）。

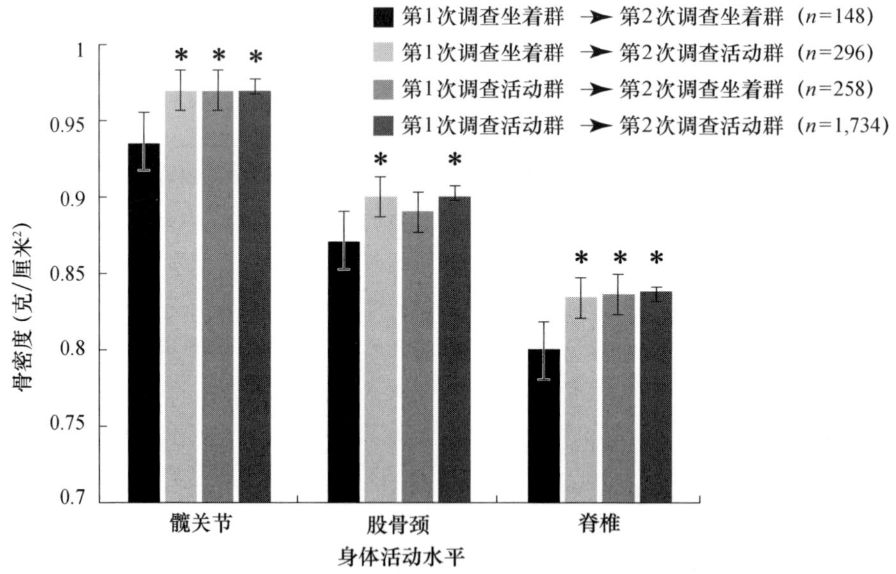

图 9.6　闲暇时间身体活动的水平与骨密度的关系

图中*表示，比起第 1、2 次调查都坐着度过闲暇时间的久坐人群，其他人群都明显显示高值。

资料来源：B. Morseth，et al. Leisure time physical activity in adulthood is positively associated with bone mineral density 22 years later. The Tromsø study. *Eur. J. Epidemiol*，2010，25（5）：325–31.

（三）认知机能的降低

身体活动可以改善认知机能的降低。在负责学习和记忆的重要器官海马中存在的高浓度的脑源性神经营养因子（Brain-derived Neurotrophic Factor，BDNF），在以记忆障碍为主要症状的阿尔茨海默病患者及抑郁症患者脑中的含量很低。另外，研究发现，运动实践可以增加人体脑内的 BDNF 含量，能够提高学习和记忆效率。

通过诸如“今年是哪一年？”“请记住我接下来说的 3 个词语，并复述一遍。”“请从 100 开始按顺序减去 7。”等问题进行认知功能评价的简易精神状态检查（Mini-mental State Examination，MMSE）的测评分数，不仅证明了阿尔茨海默病患者的 BDNF 与认知功能呈正相关，也表明未患阿尔茨海默病的健康老年人也获得了同样的测试结果。因此，运动不仅能够改善人脑的认知机能，还有延缓阿尔茨海默病发生的效果。

综上所述，对代谢综合征、运动器官障碍综合征、认知症这三大健康寿命障碍有着公认预防效果的习惯性运动实践，是人们延长健康寿命及提高生活质量所不可缺少的。

三、中老年人的运动实践

（一）安全运动之健步走

“走路”是我们从小就自然而然掌握的动作，因为没有意识也会做这个动作，所以我们将其称为定型运动（自动运动）。在步行运动上附加“扩大步幅”“脚跟先着地”“抬头挺胸”等运动科学成果后就成了健步走运动。与球类和球拍运动等相比，健步走运动不需要熟练掌握就能进行。另外，健步走运动只要有运动鞋就能轻松开始，并且老少皆宜，所以深受大众喜爱。

中老年人进行运动要优先考虑安全性，健步走属于低冲击力、低强度的安全有氧运动。人们在进行健步走时，下肢所承受的负担是体重的 1～1.5 倍，这相当于慢跑承受的负担的 1/3～1/2。因此，健步走导致踝关节和膝关节等发生运动损伤的风险比慢跑要低很多。另外，健步走由于强度较低，对心血管也不会过度产生压力，这也是这项运动的一个优点。事实上，一项让肥胖中年女性在跑步机上进行 40

分钟最大摄氧量为40%的健步走的研究发现，这些研究对象的肾上腺素、去甲肾上腺素及多巴胺等压力激素及血管收缩物质内皮素并没有增加。

另外，在一般的高强度运动中血栓形成能力（血栓形成的容易度）是亢进的，但是最大摄氧量约50%强度的40分钟自行车运动中的血栓形成能力不亢进。因此，低强度运动就是运动猝死风险低的运动。不仅是对体质正常的人，而且对于老年人等低体质人群，安全的运动方式就是可实践的运动。

让我们换个角度，从预防生活方式病的观点来思考一下运动强度。生活方式病一般伴随着动脉硬化，动脉硬化的发生与血管内皮细胞障碍有关。近年来，人们对血管内皮机能的关注有所上升。一项让没有运动习惯的人进行最大摄氧量分别为25%、50%、75%的3种强度的自行车运动，每次运动30分钟，每周进行5～7次，连续进行12周后测试血管内皮功能变化的研究发现，只有最大摄氧量为50%强度的自行车运动存在改善效果（图9.7）。训练原则之一是“超负荷原则”，如果训练时的负荷不比日常生活活动的负荷高，那么这项运动无法提高呼吸循环系统及肌肉的功能。日常生活活动的强度大概在30%最大摄氧量以下，所以至少进行40%最大摄氧量强度的运动才能有提高身体机能的效果。上述25%最大摄氧量强度的自行车运动是日常生活范围内的运动强度，所以即使这个强度的运动符合超负荷原则，也不是一个恰当的选择。另外，对于没有运动习惯的人来说，75%最大摄氧量强度的运动负荷过高，我们推断这有可能会使体内的氧化应激与血管内皮功能的改善相抵消。因此，鉴于40%～50%最大摄氧量强度的运动对于血管具有积极影响，可以说作为低强度有氧运动代表的健步走的有益性非常高。

知道了会很有用！

根据运动选择适合的运动鞋

在健步走和慢跑运动中要不断地重复脚着地，所以鞋子的选择至关重要。进行健步走运动时，要选择具有缓和冲击力功能的气垫和侧边具有稳定性的运动鞋。在慢跑运动量大的情况下应该重视气垫的减震作用。

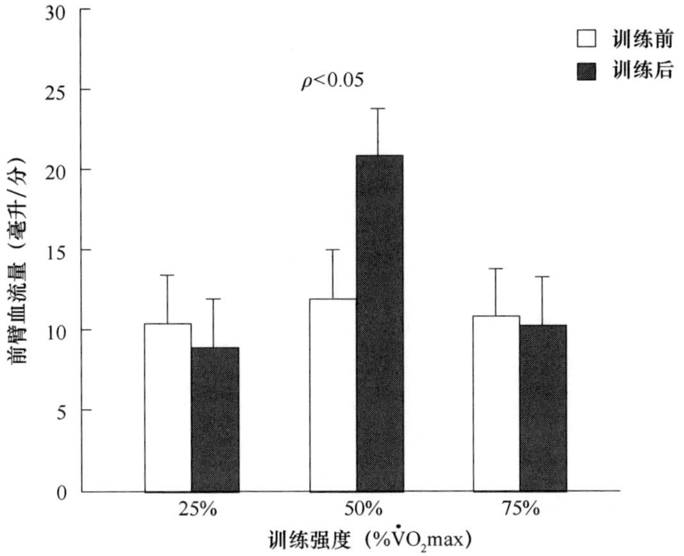

图 9.7 三种不同强度的运动训练对于人体血管内皮功能的影响

让没有运动习惯的人群进行最大摄氧量分别为 25%、50%、75%的三种强度的自行车运动，每次运动 30 分钟，每周进行 5～7 次，连续进行 12 周，以前臂血流量为指标验证血管内皮功能的变化，最大摄氧量为 50%强度的自行车运动存在改善效果。

综上所述，由于安全性，任何人都能轻松进行健步走运动，并且这种运动方式对预防生活方式病有一定的贡献，所以成为促进健康、提高体质的适宜的运动方式。人们不仅在平地上可以进行健步走运动，在稍有起伏的地面进行健步走，通过使用不同肌群提高身体的平衡能力会更有效果。

（二）抗阻运动

人在中老年时期，预防肌肉量和骨量的减少是很重要的，所以推荐大家在有氧运动的基础上加入抗阻训练。只要制订合理的训练计划并按照计划进行锻炼，抗阻训练对老年人来说也很安全。此种运动方式不仅能够增强人体的肌肉力量、肌肉耐力等肌肉功能，还能够增加骨量、提高基础代谢率以减少身体脂肪量。

器械训练可以在一定程度上限制人体关节运动幅度，所以能够帮助中老年运动初学者比较安全地进行抗阻运动（参照第十章）。没有运动经验的中老年人，最开始应进行几周低负荷的运动技巧（训练动作）学习。之后，再根据个人需求，选择运动项目（负荷强度、频率等）继续锻炼。特别是由于老年人身体恢复所需时间较长，要让他们在使用器械进行抗阻运动后，至少进行 48～72 小时的恢复。

另外，不使用特殊器械，利用自身体重在家也能进行以深蹲（大腿前侧）、弓步（大腿前后）、桥型支撑（臀部）、卷腹（腹部）、屈膝俯卧撑（胸部、上臂）、背起（腰背部）等以大肌群为焦点的抗阻训练（图 9.8）。如果指导对象存在下肢障碍，可以让其使用椅子进行座椅训练，卧床者也可通过使用拉力带进行锻炼（图 9.9）。像这样利用工具进行运动的项目有很多，运动指导者要根据指导对象状况为他们选择合适的锻炼方式，这样也能够减少废用综合征的患病风险。

知道了会很有用！

瓦尔萨尔瓦（Valsalva）效果

控制气息的同时发力，会出现比平时有更大力气的现象，这称为瓦尔萨尔瓦效果。但是，由于这种现象会使人的血压显著上升，所以在进行抗阻运动时不应该屏住呼吸。正确的呼吸方式是在反复进行训练的过程中需要最大的力气时呼气，发力程度低的情况下进行吸气。

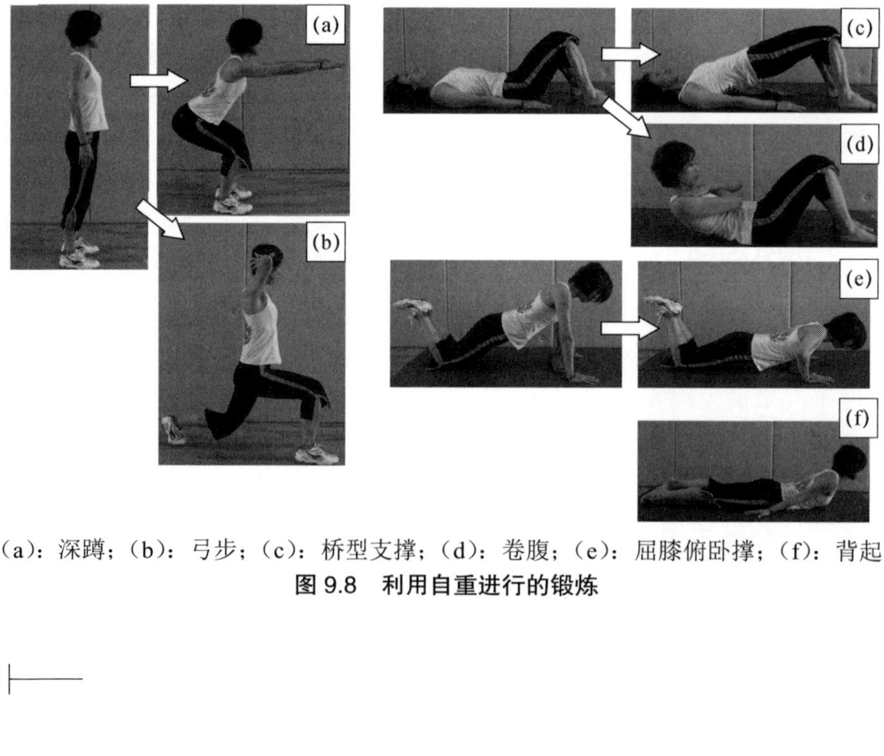

（a）：深蹲；（b）：弓步；（c）：桥型支撑；（d）：卷腹；（e）：屈膝俯卧撑；（f）：背起。

图 9.8　利用自重进行的锻炼

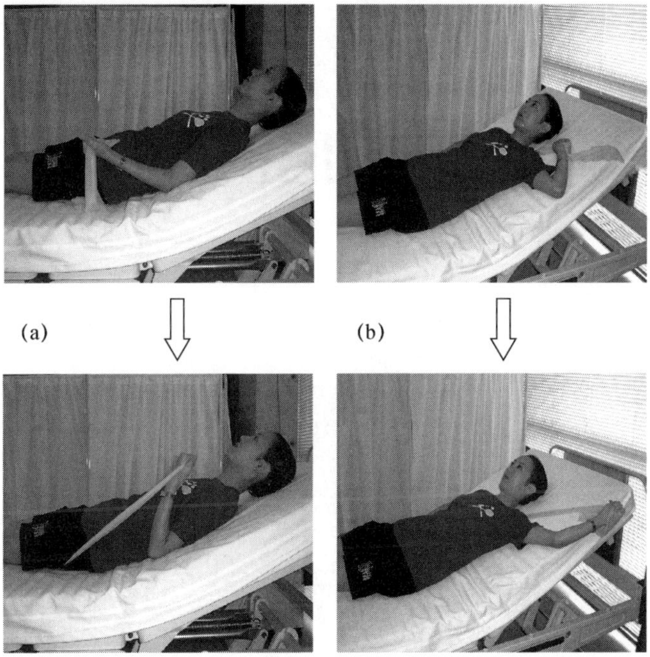

以肱二头肌（a）和肱三头肌（b）为目标的锻炼方式。

图 9.9　在床上使用拉力带进行锻炼

练习题

在括号内填入恰当内容或按要求进行简述：

1. 老年人日常步行速度为（　　　　）以上能保持良好的身体机能。
2. 简述三大健康寿命障碍。
3. 简述中老年人进行健步走运动的好处。（任写三点即可）

第十章　健康促进运动的实践

本章重点：

※了解健康促进运动的实践。

※学习自主或者合作进行拉伸运动的具体实施方法，并能够根据情况熟练选择进行静态拉伸或动态拉伸。

※学习有氧运动与抗阻运动的实践方法，能够根据目标选择合适的运动方式、运动强度、运动时长、运动频率。

※深入理解预防和处理运动损伤的原则。

一、详解健康促进运动

以健康促进为目的的运动，必须要安全、快乐、有效进行。一般的健康促进运动，由“热身运动（准备部分）—主运动（主要部分）—放松运动（整理部分）”构成。为了能够安全有效地进行运动，应该用钟形曲线描绘运动时的心率（运动强度的指标）变化（图 10.1）。为了能用钟形曲线描绘心率，要进行适当的热身运动及符合目标运动强度的主运动，最后再进行充分放松来舒缓身体。

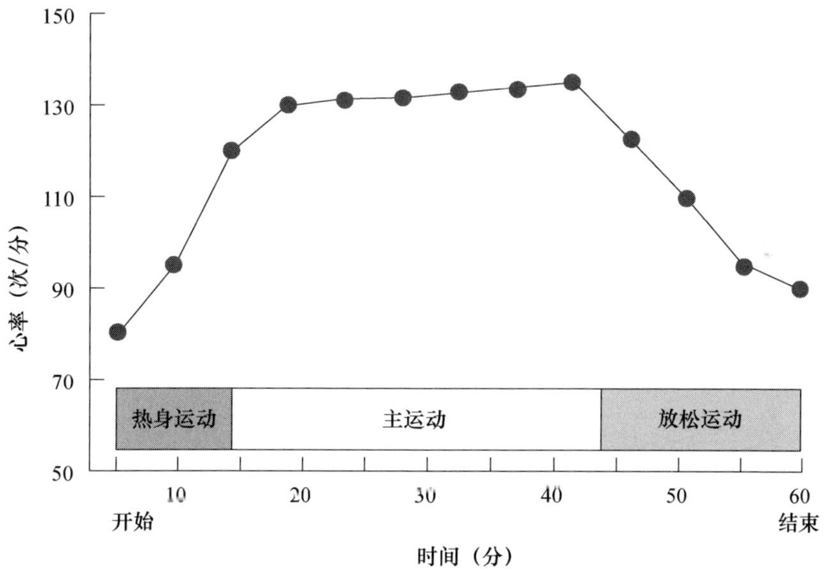

主运动选择有氧运动，把目标心率设定为 130～135 次/分的情况下的理想心率变化。

图 10.1　进行健康促进运动时心率的变化

一般的热身运动为低强度的有氧运动及动态拉伸运动，其目的是增加肌肉和肌腱的柔软性，慢慢活跃肌肉力量，并在促进代谢水平和增加末梢血管中血液流量的同时，提高肌肉温度。另外，适当的热身运动有降低末梢血管阻力，并抑制主运动所引起的血压过度上升的效果。主运动是个人根据自身目的选择的一项或多项有氧运动及抗阻运动，或者平衡运动及柔韧性运动等。

放松运动，是通过进行低强度有氧运动逐渐放缓运动节奏，并进行静态拉伸运动和舒缓运动，让身体回归平静的状态。如果突然停止高强度运动，肌肉泵作用就会消失，活动肌肉周围的静脉向心脏回流的血液会暂时减少，使血压降低及心肌缺血、眩晕和晕厥等风险增高。另外，维持血液循环，对清除乳酸和疲劳物质也很有用。希望大家能够通过轻度慢跑与步行等运动来进行舒缓活动，保持血液的循环，逐渐降低心率。

另外，如果运动过程中没有热身运动和放松运动的环节，就应认为没有进行运动，理由是热身运动具有检验当日身体状况的作用。

知道了会很有用！

运动时的血压

运动过程中，收缩压受心输出量、舒张压受末梢血管阻力的影响而发生变化。一方面，有氧运动中，心输出量根据运动强度按比例增加，所以提高运动强度会使运动人员的收缩压升高。另一方面，体温升高会使末梢血管张开，末梢血管阻力下降，即使提高运动强度也不会改变，反而会稍稍降低。

二、拉伸运动

（一）静态拉伸

静态拉伸根据个人的肌肉状态，以缓和肌肉紧张、改善关节可动范围、促进血液循环为目的，可以在主运动后及入浴后等肌肉温度很高的状态下进行。拉伸时从大肌群开始，在自然的呼吸状态下缓慢地拉伸肌肉，保持 10～30 秒能够感受到拉伸但是不会疼痛的动作，重复 2～4 次，一种动作总共进行 60 秒左右的时间。

一个人进行的拉伸运动叫作自主拉伸（self stretching）运动，两人一组进行的拉伸运动叫作合作拉伸（partner stretching）运动。

图 10.2 是以腘绳肌腱为目标的拉伸运动。合作拉伸运动由于是借别人的力量，所以比起自主拉伸运动可以让其他肌群在放松的状态下进行拉伸，也因此有能够让人感受到充分拉伸的优点。但是，如果同伴没有一定知识储备，就无法实施，这是合作拉伸运动的缺点。例如，在仰卧姿势下，拉起脚后跟逐渐弯曲髋关节，就能看到抬起的那条腿的膝关节弯曲、另一条腿的膝关节和髋关节的弯曲及脚外旋等代偿动作。如果不抑制这些代偿动作，就不能感受到充分的拉伸。因为腘绳肌腱是跨越髋关节和膝关节的双关节肌，所以有可以在弯曲髋关节的状态下拉伸膝关节等根据合作拉伸来扩展选择种类的优点。

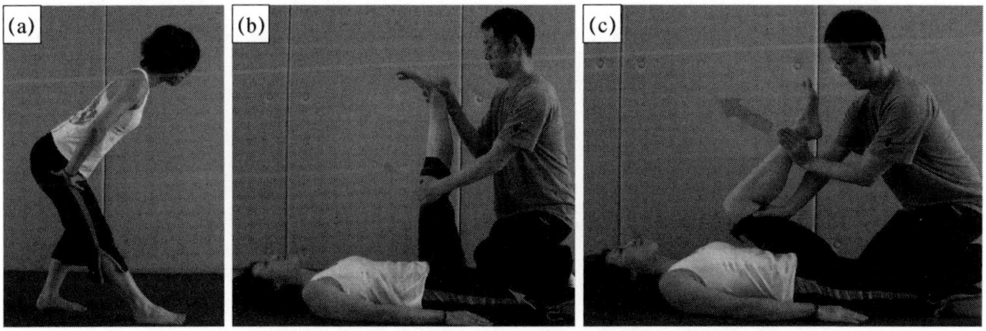

图中（a）自主拉伸与（b）合作拉伸都是腘绳肌腱的拉伸运动。腘绳肌腱的主要作用是伸展髋关节和屈曲膝关节，所以弯曲髋关节和伸展膝关节就能有拉伸肌肉的感觉。同伴要注意并且抑制代偿动作（弯曲膝盖、弯曲髋关节、弯曲对侧肢的膝盖、脚外旋等）（图中的箭头）。图中（c）是意识到腘绳肌腱是双关节肌而进行的合作拉伸运动，维持髋关节弯曲状态，慢慢伸展膝关节。

图 10.2　自主及合作拉伸运动

图 10.3（a）是在坐位姿势下尝试进行腘绳肌腱拉伸的动作，但是由于运动者骨盆后倾，所以无法进行充分拉伸。腘绳肌腱的僵硬是久坐工作的现代人多发的问题之一，若骨盆不正便无法进行长距离的前屈，运动者本人可能也不知道这种状况。这种情况下，可使用辅助器械让运动者更容易在骨盆摆正的状态下进行前屈拉伸动作。可以说以大肌群为中心的自主或者合作拉伸运动（图 10.4），可以调整肌肉的状态，是迈向健康的第一步。

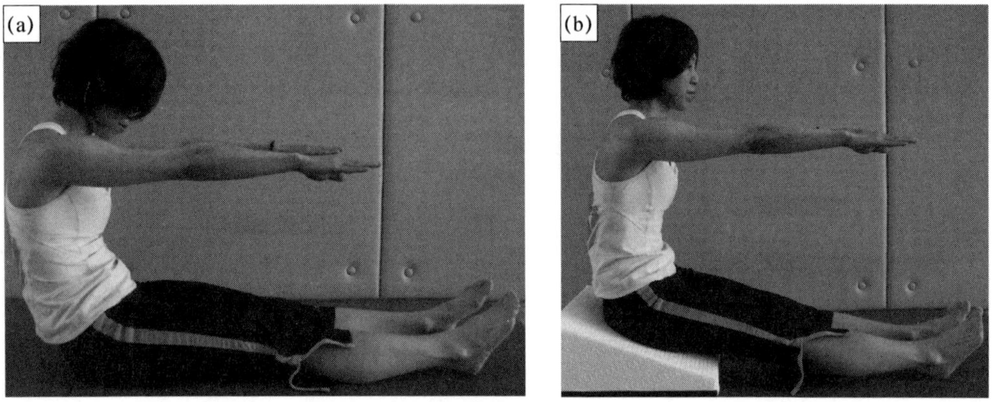

骨盆如果后倾（a），腰部就会弯曲，身体就不能进行很大距离的前屈，也因此不能进行充分的腘绳肌腱拉伸。使用辅助器械让骨盆摆正（b），利用重力可以让身体充分感受到拉伸。

图 10.3　使用辅助器械进行拉伸运动

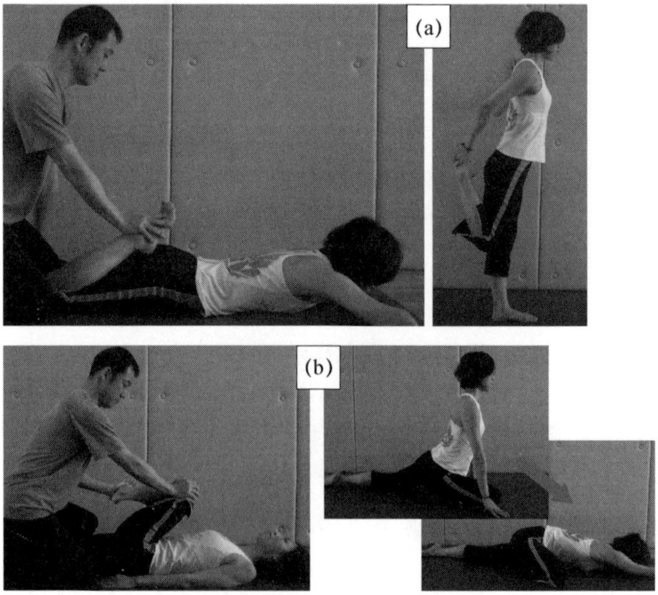

（a）股四头肌（大腿前部）等；（b）臀大肌（臀部）等。

图 10.4　自主或合作进行下肢大肌群的拉伸

（二）动态拉伸

在热身运动阶段主要进行的动态拉伸，是一边模仿接下来要进行的肌肉活动的必要动作，一边在舒缓的动作中积极地进行拉伸的运动。图 10.5 展示了具有代表性的动态拉伸。图 10.5 的（a）图，是以右大腿前部（股四头肌）—右大腿后部及臀部（腘绳肌腱及臀大肌）—髋关节屈肌群及肩关节周围为目标，反复多次动态拉伸肌肉，同时以改善平衡能力为目标。图 10.5 的（b）图，是以胸大肌及颈部和背部的肌肉（斜方肌、背阔肌）为目标，图 10.5 的（c）图是以髋关节周围的肌肉为目标进行动态拉伸运动的示例。

慢慢活动下肢和肩部（a）、胸部及背部（b）、髋关节（c）等部位，进行热身运动。

图 10.5　动态拉伸运动

> 腘绳肌腱（hamstring）是股二头肌、半腱肌、半膜肌的总称。因为是跨越髋关节和膝关节的双关节肌，所以作为容易发生肌肉分离（肌纤维的一部分断裂）的肌肉群被大家所熟知。

三、有氧运动

有氧运动可根据调节运动强度的难易程度分为 3 大组（表 10.1）。第 1 组是最易调节运动强度的有氧运动，第 2 组、第 3 组调节运动强度的难度依次递增。例如，在功率自行车上设定负荷和转速，在跑步机上设定步行、跑步的速度，可以很容易地维持一定的运动强度。特别是功率自行车，可以测算出与体重无关、由运动负荷和运动时间产生的能量消耗量，所以这项运动很适合需要早期运动疗法和控制运动强度的人群。

表 10.1　有氧运动的分类

小组	特征	运动项目
1	● 能够维持一定的运动强度 ● 每个人的能量消耗差别相对较小 ● 是康复医学的早期项目，高血压及糖尿病的运动疗法等，适合需要正确控制运动强度的场合	功率自行车、跑步机、健步走、自行车运动等
2	● 能量消耗受个人水平（技能水平）的影响 ● 每个人能够得到安定状态下的能量消耗 ● 在控制的初期有用 ● 有必要根据个人的水平来进行选择	游泳、越野滑雪、有氧健身操等
3	● 个人的运动技巧和运动强度的差别非常大 ● 多样性，富有变化 ● 有必要提醒高风险人群、低体力人群及有自觉症状的人群多加注意，在运动时尽可能减少竞争因素	网球和羽毛球等球拍运动、篮球和排球等

资料来源：美国运动医学会，日本体力医学会体力科学编集委员会监译. 运动处方的指针. 南江堂，2006.，引用并改编一部分内容。

表 10.2 展示了日常身体活动量较少的健康人群在运动初期的大致目标。增加运动量（＝运动强度×运动时间）时，一般先延长运动时间，再提高运动强度。设定目标运动强度时，一般多参照可简单测试的心率。这是因为运动时的心率与运动

强度基本同时按比例增加。

安静心率与最大心率之差，称为心率储备（Heart Rate Reserve，HRR），表示个人心率变化的范围。因此，%HRR 是将安静心率与最大心率设置为 0 与 100%的运动强度，以用来表示相对的运动强度。该指标的个体差别很大，由于最大心率基本上可以用“220－年龄”这个公式来推算，所以“HRR＝（220－年龄）－安静心率”。HRR 乘以目标运动强度（%），再加上安静心率得出的数值就是目标心率（目标心率＝目标运动强度×HRR＋安静心率，参照图 10.6，例）。

如果没有测量心率的器械，可使用触诊法测量脉搏。通常情况下用食指、中指、无名指三根手指按触桡骨动脉（手腕内侧），用最末一根指头（图 10.6 的情况是无名指）轻压，用剩余两指感知动脉。一般情况下测量 30 秒安静时的脉博，然后将数值乘以 2 得出 1 分钟的数值。但是在运动中很难测算 30 秒的数值，所以一般采用将 6 秒的测算数值乘以 10 或者将 10 秒的测算数值乘以 6 的数值作为结果。然而，大家应当明确无论哪种方法测算出的结果，误差都比测算 30 秒数值的两倍更大。

表 10.2　运动项目进程的具体示例

项目进程	周	运动频率（次/周）	运动强度（%HRR）	运动时间（分）
初级阶段	1	3	40～50	15～20
	2	3～4	40～50	20～25
	3	3～4	50～60	20～25
	4	3～4	50～60	25～30
提高阶段	5～7	3～4	60～70	25～30
	8～10	3～4	60～70	30～35
	11～13	3～4	65～75	30～35
	14～16	3～5	65～75	30～35
	17～20	3～5	70～85	35～40
	21～24	3～5	70～85	35～40
维持阶段	24＋	3～5	70～85	20～60

资料来源：美国运动医学会，日本体力医学会体力科学编集委员会监译. 运动处方的指针. 南江堂，2006.，引用并改编一部分内容。

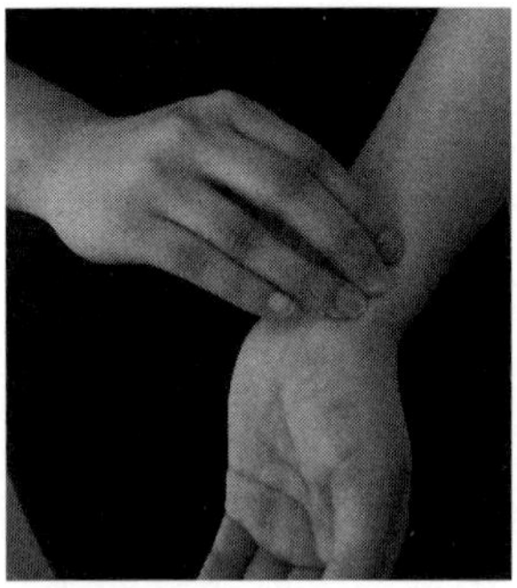

例：安静心率 80 次/分，相当于 40 岁的人的 50% 运动强度的心率；最大心率=220－40=180；心率储备（HRR）=最大心率（180）－安静心率（80）=100，目标心率=HRR（100）×50%+安静心率（80）=130 次/分

图 10.6　测算运动时的脉搏数的方法

A　RPE 尺度	
6	
7	非常轻松
8	
9	相当轻松
10	
11	有点儿轻松
12	
13	稍稍困难
14	
15	困难
16	
17	很困难
18	
19	非常困难
20	

B　修正 RPE 尺度	
0	没有任何感觉
0.3	
0.5	极其微弱
0.7	
1	稍微弱
1.5	
2	微弱
2.5	
3	刚刚好
4	
5	困难
6	
7	很困难
8	
9	
10	极其困难
11	
•	筋疲力尽

图 10.7　主观疲劳量表（RPE）

资料来源：美国运动医学会，日本体力医学会体力科学编集委员会监译. 运动处方的指针. 南江堂，2006.，引用并改编一部分内容。

另外，如果很难通过触诊法进行脉搏测算，可以使用自觉疲劳程度量表（Rating of Perceived Exertion，RPE），也就是说运动者可通过自觉感受运动强度这一运动心理学指标来进行测算。如图 10.7 所示的两类 RPE，两类情况都是运动强度随着数字的增大而提高，A 是 20 岁年龄层人群的状况，图中所示数字的 10 倍便表示心率；B 则是以血液中乳酸值为基础得出的结果。大家感到“稍稍困难”的运动强度在 50%左右，所以这个强度就成了以健康促进为目的进行运动的大致目标。

另外，表 10.1 中的第 2 组和第 3 组与第 1 组相比，更能让大家体验活动本身的乐趣。希望大家能够逐渐将“运动是为了健康”这种把运动作为目的达成手段（外部动机）的观念转变为“想要体验运动本身的乐趣”这种以行动本身为目的（内部动机）的观念。

四、抗阻运动

抗阻运动是一般情况下会反复进行“一组几次”的相同负荷的动作。一个动作所能重复的最多次数的负荷用最大反复次数（Repetition Maximum，RM）来表示。例如，一定负荷程度的抗阻运动能够进行 10 次，但是第 11 次不能完成，这个运动的负荷就为 10RM。因此，1RM 就是只能进行 1 次动作的最大负荷。根据训练目的及运动负荷和休息时间的不同（表 10.3），有必要事先测定好 1RM。但是，测定 1RM 会给测定者增加负担，而且测定者需要具备专业的测评知识，特别是在以初学者和初级运动人员为指导对象的情况下，推荐大家参考%1 RM 与反复次数（极限反复次数）的关系（表 10.4）进行 1RM 数值的测定和负荷设定工作。

表 10.3 根据训练目的进行的抗阻运动的示例

目的	负荷（%1RM）	目标极限反复次数	组数	组间休息
肌肉耐力	67%以下	12 次以上	2～3	30 秒以下
肌肉肥大	67%～85%	6～12 次	3～6	30～90 秒
肌肉力量	85%以上	6 次以下	2～6	2～5 分

希望大家能以大肌肉群为中心每周进行 2～3 天（保留 48 小时以上的间隔）。

表 10.4 %1RM 与反复次数的关系

%1 RM	反复次数
100	1
95	2
93	3
90	4
87	5
85	6
83	7
80	8
77	9
75	10
70	11
67	12
65	15
60	20

实施训练的顺序以“大肌肉群—小肌肉群”以及“多关节—单关节”为基本原则。图 10.8 展示了针对大肌肉群的抗阻运动，但是要兼顾充分休息与效率两方面，交互进行胸部推举（a）及腿部推蹬（b）等推举练习和高位下拉（c）及俯卧腿弯举（d）等拉力练习，或者是交互进行上半身训练（a，c）与下半身训练（b，d）。

知道了会很有用!

5 点接触

长椅推举等利用长椅进行抗阻运动的方式，将头、肩、臀部、双腿的内侧 5 个地方切实贴靠在长椅及地板上，确保在安全的状态下进行运动。图 10.8A 的胸部推举机是将头、肩、臀部密切贴合椅背，两脚着地进行训练。

（a）胸部推举，（b）腿部推蹬——推举练习的例子；
（c）高位下拉，（d）俯卧腿弯举——拉力练习的例子。

图 10.8　利用器械进行大肌肉群的抗阻训练

抗阻运动的初学者，在学习了以大肌肉群为中心的正确动作后，应以每周两次，每次两组，以 8～12RM 的负荷程度进行训练，并且保证两组之间有 3 分钟的休息时间。如果没有可自由调节重量的器材等特殊的运动器械，可以利用自重进行抗阻运动（参照第九章）。

近些年频繁有报告指出进行仰卧起坐和屈膝两头起等利用自重锻炼腹肌的方法，会因为重复弯曲脊柱而增加损伤椎间盘的风险。为了保持躯干的稳定性，要减少对脊柱的弯曲和扭转，使用平板支撑等新型躯干训练方法使脊柱能够保持中立，再加上腹部凹陷（hollowing）及腹部拉紧（bracing）会更有用（图 10.9）。

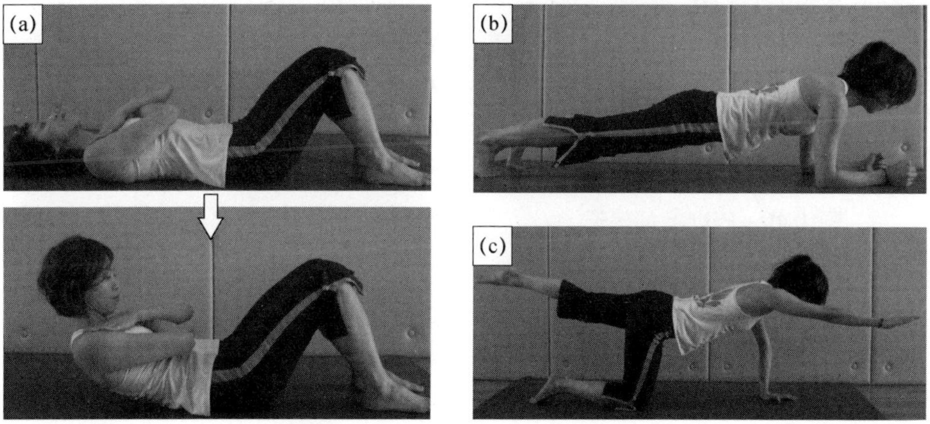

（a）给予腹肌群刺激的传统锻炼方式；（b）和（c）保持姿势（稳定性）的躯干锻炼方式。在维持姿势的同时增加“腹部凹陷”等，对腹肌群的刺激更大。

图 10.9 利用自重进行躯干锻炼的例子

五、运动损伤的预防及处理

运动会给人体带来各种各样的好处，但同时也存在运动损伤的风险。在身体状况不良时，比如发烧、过度疲劳或宿醉等，应当停止运动。另外，在运动中也要进行充分的水分补给工作，降低运动中的中暑风险也很重要。

伴随运动而产生的损伤大体上分为两种。一种是突发的急性损伤（划伤、磕碰、运动后延迟性肌肉疼痛、肌肉拉伤、扭伤、脱臼、骨折等），另外一种是由于运动过量产生的慢性损伤（疲劳骨折、肌腱炎、韧带炎、软骨软化症等），这些都统称为运动损伤。预防运动损伤，要在运动前进行充分的热身运动，运动后进行放松，还要注意把握好尺度，不要过度运动。

对运动损伤的应急处理，不是治疗，而是防止损伤恶化，以尽快进行组织修复为目的。针对运动损伤的应急处理的基本原则称为 PRICE，这些方法对减少患处的血流量，抑制炎症、内出血、肿胀等有良好效果。

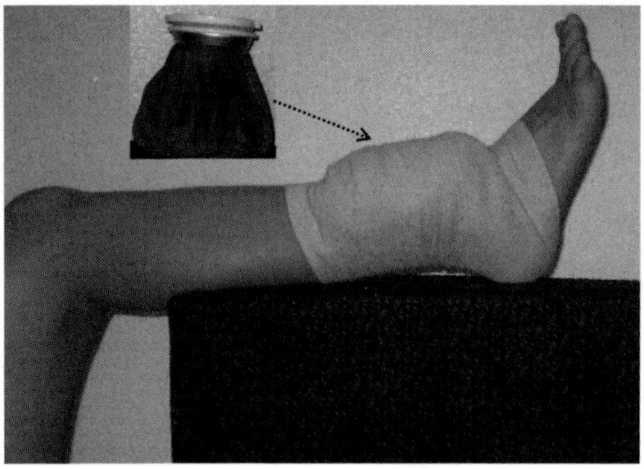

图 10.10　PRICE 的例子

一般的冷却，是将装有冰和水的冰袋或塑料袋敷在患处，用弹力绷带进行稍有压迫感的固定（图 10.10）。冷却最长进行 20 分钟（预防冻伤），经历“疼痛—暖和—酥麻—没有感觉”的阶段，在没有感觉时停止，以此为大致目标。通常，急性的炎症高峰是在受伤后的 2～7 小时内，所以在损伤初期每隔 1～2 小时重复数次 PRICE 会比较好。

PRICE

Protection：把伤员向安全的场地移动，不对伤患处施加更大的压力，用矫正装置等固定用具对伤员进行暂时性的保护。

Rest：保持安静，抑制全身的循环血流量。

Ice：将装有冰和水的冰袋敷在患处。通过冷却收缩血管，抑制炎症和出血，减轻疼痛。降低细胞的代谢，防止伤口周围低氧状态的扩张。

Compression：用弹力绷带压迫周围的组织和血管，防止内出血及肿胀等情况发生。

Elevation：将患处抬高，高过心脏，抑制内出血。

知道了会很有用！

运动时的水分补给

如果不补充运动时因出汗流失的水分，体温就会上升，从而增加中暑的风险。运动前增加水分补给，运动中每 15 分钟饮用 200 毫升左右的水会降低暑热。运动之后，体重每减少 0.45 千克要进行 500 毫升的水分补给。如果大量出汗，从饮食中摄取盐分，能够快速恢复水分及电解质的平衡。

一个人的运动量（=运动强度×运动时间）如果比平时大就会容易产生运动损伤。人一旦运动，身体必然会产生疲劳，运动之后应进行恢复，过大的运动量及不充分的恢复会增强肌肉疼痛感和疲劳感，还会引起积极性下降及食欲的减退等。充分的休息对于调整身体状态非常重要。我们应当了解休息对于提高运动效果必不可少。

练习题

回答问题或选择最佳选项：

1. 热身运动采用动态拉伸有什么优点？（两点即可）

2. 某 20 岁男性的安静心率为 74 次/分。当其在运动时，心率达到 162 次/分，此时其运动强度是多少？

3. 进行 35 公斤负荷的胸部推举，做了 11 次推举，但未能进行第 12 次，则推举最大力量是（　　　）。

a. 40 公斤　　b. 45 公斤　　c. 50 公斤　　d. 55 公斤

第十一章 运动与生物节律

本章重点：

※睡眠占人生的1/3之多，非常重要。了解睡眠不足会对身体和健康造成什么样的影响。

※了解睡眠与运动表现之间的关联性。

※深入了解与睡眠密切相关的生物节律的知识，了解生物节律的维持对健康很重要。

※理解白天的运动实践与生物节律是步调一致的。

一、充分的睡眠可以提高运动表现

大家对比一下图 11.1 的两张照片，哪一张照片上的人看起来更健康呢？（a）拍摄的是正常睡眠后的人脸，（b）是在研究对象睡眠不足时拍摄的照片。（a）看起来给人更健康的感觉。有一项研究，通过使用 23 名不同年龄（18～31 岁）的健康人员在两种睡眠状态下拍摄的照片（1. 从 23 点开始到次日早上 7 点为止进行 8 小时的睡眠，在下午 2 点时拍摄照片；2. 从凌晨 2 点开始到早上 7 点为止将睡眠时间缩短到 5 小时，持续保持 31 小时清醒状态，到第二天下午 2 点拍摄照片），利用视觉模拟评分法（Visual Analogue Scale，VAS）对 65 名（18～61 岁）普通人的健康、魅力、疲劳程度做评价。研究结果表明，持续不眠状态的照片与进行了 8 小时充分睡眠的照片相比，照片上的人脸看起来不健康、缺乏魅力，显露出特别疲劳的状态。研究报告指出，魅力与健康呈正相关，而健康与疲劳呈负相关。这个研究以“外观”作为测评样本，让大家明白了睡眠会对“外观”产生很大的影响。

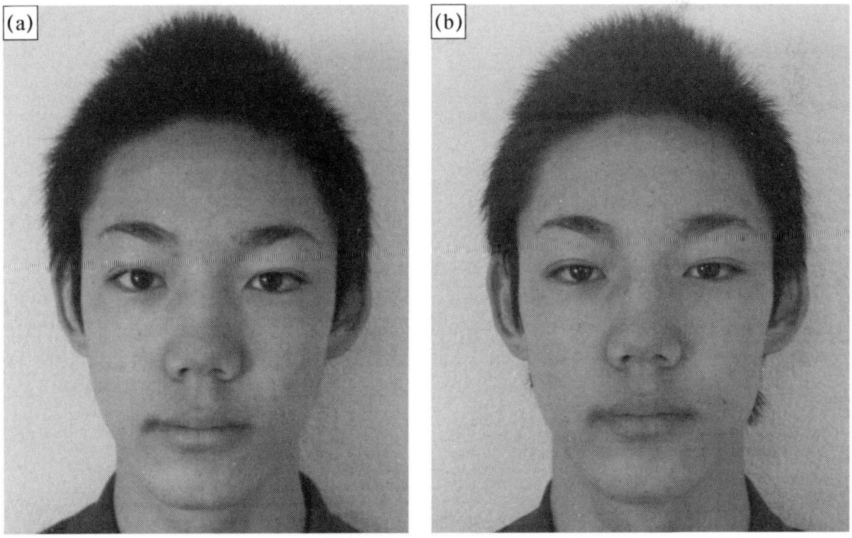

（a）正常睡眠；（b）睡眠不足。

图 11.1　正常睡眠与睡眠不足的表情差别

视觉模拟评分法

这是对感觉与疼痛等用数值很难客观进行评价的指标进行衡量的方法。该方法是在 10 厘米长的直线的两端标注词汇（例如，左端：不健康，右端：健康），让受测者将自己所感觉到的状态标记在直线最合适的位置。

人在睡眠时，脑垂体前叶会分泌生长激素，在帮助损伤组织恢复的同时，会降低肾上腺皮质激素等压力激素的分泌量，防止身体产生过度的压力，担负着让身体得到休息的重要作用。另外，人在睡眠过程中大脑会得到休息，能够整理记忆，因此实验得出睡眠剥夺（Sleep Deprivation）会使人出现认知功能降低、精神状态不安定等症状，由此可以看出睡眠对人的身心健康至关重要。

那么，多久的夜间睡眠是人所必需的呢？一般情况下，为了避免人们在睡眠中惊醒和觉醒不好、白天犯困等困扰，至少要进行 8 小时的睡眠，过短或过长的睡眠时间都会增加睡眠的烦恼（图 11.2）。睡眠困扰，关联着生活质量，8 小时左右的睡眠对确保健康是很有必要的。然而，这终究只是平均睡眠时间，人的必要睡眠时间是与生活方式互相依存的。特别是运动强度较大的运动员，由于他们需要从锻炼带来的疲劳中恢复，所以需要较长时间的睡眠。

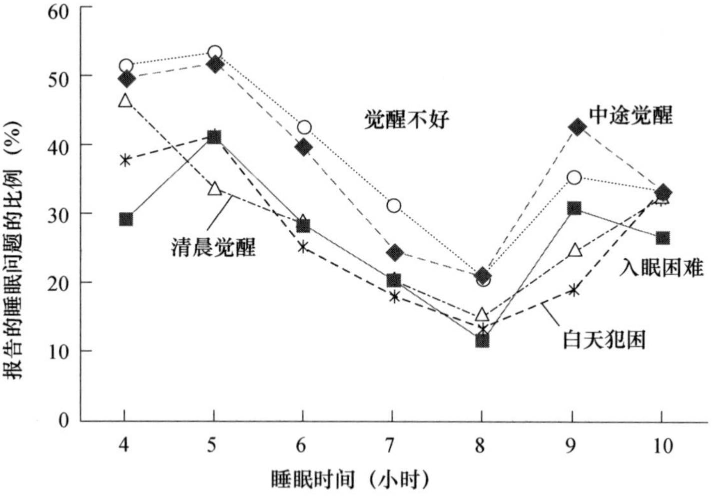

图 11.2　睡眠时间与睡眠问题的关系

一项关于睡眠时间与运动成绩关联性的有趣研究将一般情况下进行 8 小时左右睡眠的大学篮球队员的睡眠时间延长，让他们连续 5～7 周进行每天 10 小时的睡眠。研究结果表明篮球队员睡眠时间延长后，反应时间和 282 英尺（1 英尺=0.3048 米）跑（从球场中间开始，到终点线后进行一个往返再返回中间）的时间有所缩短，罚球和三分球的命中率也有所提高，运动成绩的改善有目共睹（图 11.3）。综上所述，每天运动的人群和身体活动量大的人群，为了恢复身体，需要进行充足的睡眠。

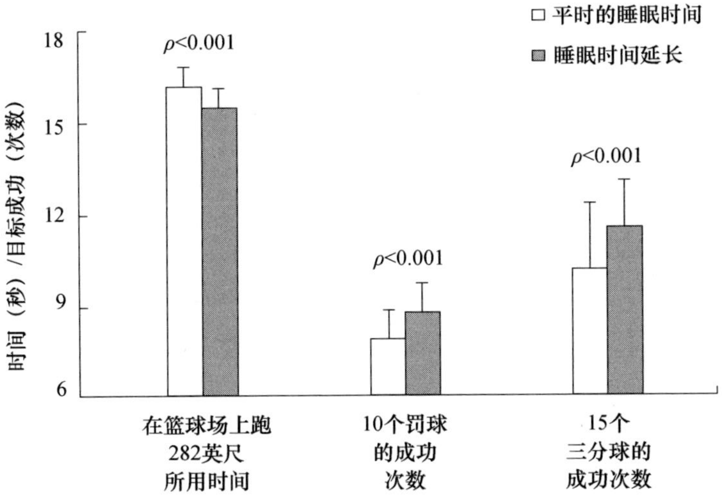

图 11.3　随着睡眠时间延长，篮球队员运动表现的变化

二、睡眠不足会降低运动表现

睡眠不足是否会对人的运动表现产生影响呢？一般情况下，夜间发生睡眠中断或彻夜不眠，都会直接对认知及精神造成负面影响，还会减少动力，从而间接降低肌肉耐力和肌肉力量等与运动表现相关的运动体质。图 11.4 展示了在需要集中注意力的飞镖运动中，从 8 点开始，每 4 小时进行一次，到深夜 24 点可进行 5 次投掷，与拥有 7～8 小时正常睡眠时间的人群相比，被剥夺 4 小时睡眠（起床时间相同，入睡时间推迟 4 小时）的人群在任何一次投掷中平均分数均呈现出明显下降。

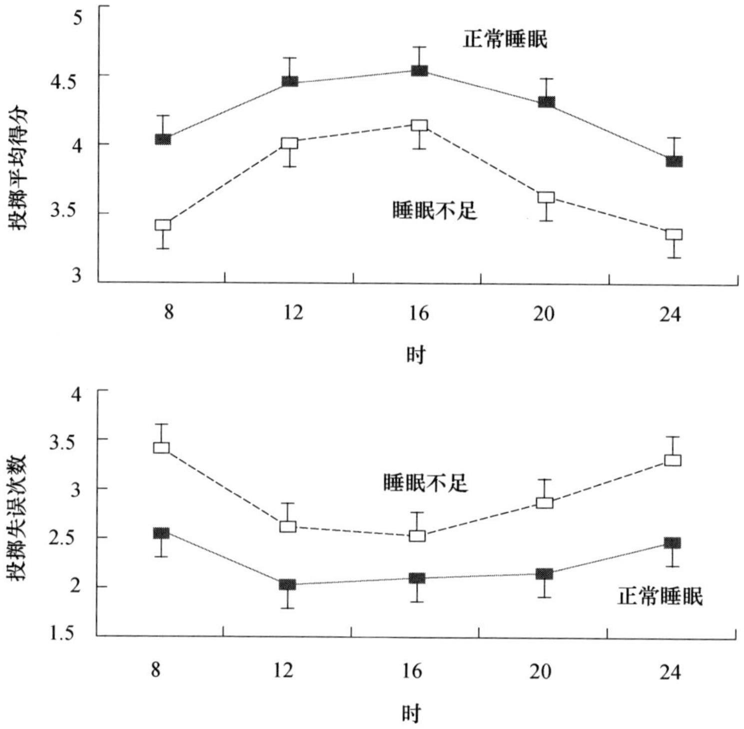

图 11.4　正常睡眠与睡眠不足时掷飞镖的表现

另外，完全断眠一天，虽然会降低人的耐力跑效果，但是对最大肌肉力量没有什么影响。以网球和羽毛球为例，与网球的一发和羽毛球正手发球等需要力量的运动相比，断眠对网球的二发与羽毛球的反手发球等要求准确度和技巧的运动影响更大。

睡眠不足与各种各样的人为失误也有关联性。众所周知，彻夜不眠等完全断眠的状况会导致注意力下降，但是持续缩短睡眠时间，同样会引发机能低下的状况。

睡眠时间不足的部分积累起来称为睡眠负债（sleep deficit）。比如，适合睡眠 8 小时的人，每天只确保 6 小时的睡眠时间，每日的睡眠负债相当于 2 小时。一般情况下，我们会在周六及周日得到比平时更多的睡眠时间，用来抵消之前的睡眠负债。但是，如果上述的 2 小时睡眠负债情况持续 14 天（约 28 小时的睡眠负债），在每日进行的单一刺激反应任务中精神运动警觉测试（Psychomotor Vigilance Test，PVT）

的成绩会逐渐变差，最终与完全断眠状态下的测试成绩几乎相同。另外，在每日 4 小时的睡眠负债状况持续 14 天后（56 小时的睡眠负债）进行测试，结果与 2 天完全断眠的测试成绩大致相同。图 11.5 将累积睡眠负债作为横轴，若改变视角观察其中的过剩不眠时间后，会发现测试成绩基本上呈直线恶化趋势。

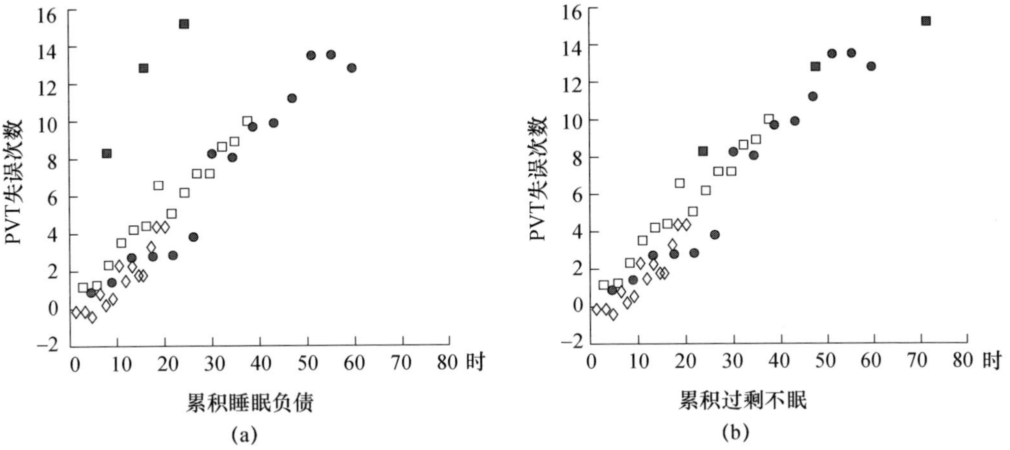

图 11.5 精神运动警觉测试失误数和累积睡眠负债（a）及累积过剩不眠（b）的关系

另外，在一般情况下，身体内部体温的下降会助长主观睡意，人在开始断眠后，即使每小时步行 15 分钟来抑制主观睡意，但其数字符号替换测验（Digit Symbol Substitution Task，DSST）的成绩基本与主观睡意更强烈的安静断眠时的成绩相同（图 11.6）。因此，一个人即使想要摆脱睡意，也会因为断眠而出现认知机能的低下、提高人为失误的可能性。所以每天适度的睡眠可以减少人为失误，创造更健康、安全的生活。

数字符号替换测验

这是一个将数字替换为符号的测验。在纸张的上端记载与数字 1～9 相对应的符号（△、☆ 等）。根据随机书写的数字，用与之相对应的符号在一定时间内尽可能多地进行记录。

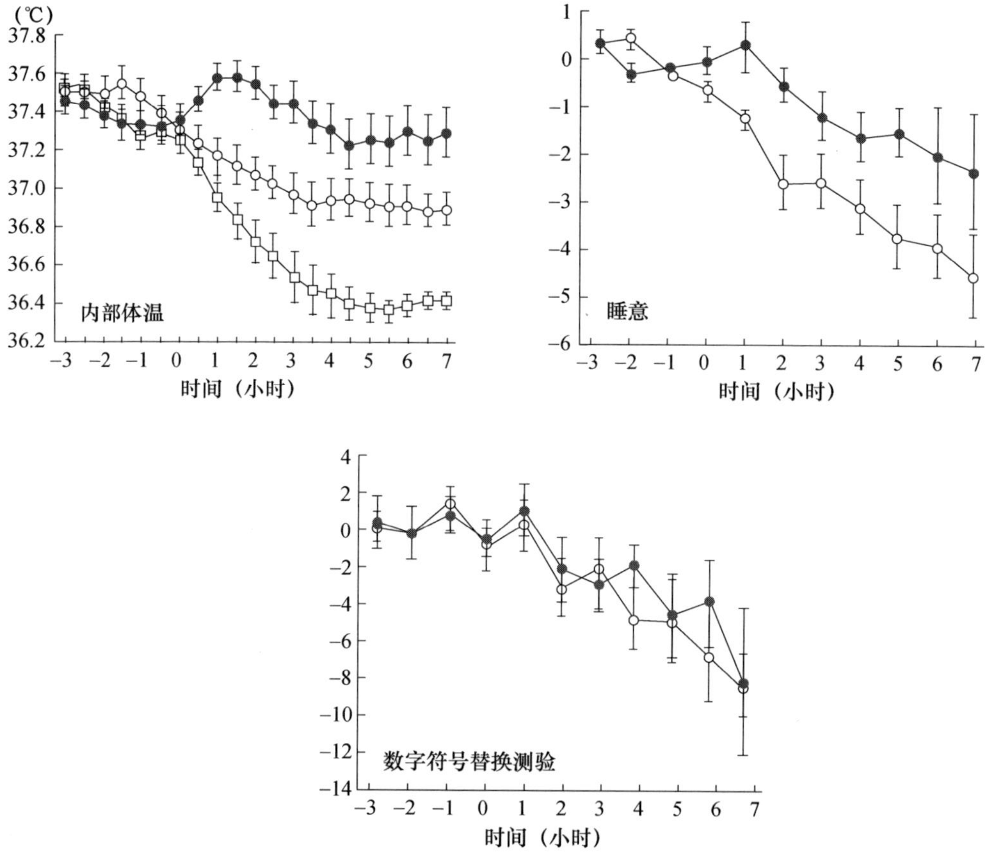

●：每小时步行 15 分钟的条件下；○：安静条件下；□：正常睡眠中的身体内部体温。从各个条件开始（x 轴的“0”）的 3 小时前开始测试。身体内部温度会因为正常睡眠显著下降。另外，每小时进行 15 分钟步行的条件下体温基本不下降，睡意也不像安静时那么强烈，但数字符号替换测验与安静条件下测试的结果基本一样。

图 11.6 断眠时的身体内部体温、睡意、数字符号替换测验成绩的变化

三、生物节律

地球的自转周期是 24 小时。人类也有称为生物节律的生理节奏，人类的生理节奏也是 24 小时吗？人体的生理节奏，按时间长短可分为 3 类。人体每日周期称为昼夜节律，比昼夜节律短几小时的周期称为超日节律（以睡眠周期为代表示例），长达数日的节律称为亚日节律（以月经周期为代表示例）。

这些生物节律，都是在生物钟的驱动下产生的节奏。昼夜节律的代表示例为体温，一般在傍晚前后体温达到最高值，在夜间入眠时达到最低值。若恒温环境下人发生断眠，其夜间体温下降程度与白天保持卧床静息时的体温上升程度都变小，但是这对体温最高值及最低值的时间段没有太大影响，这些都展示了这个节律的稳定性。因此，人类一天中体温的高低在受活动及休息情况影响的同时，也受人体生物钟的驱动。

图 11.7 展示了人在隔断外界光线和时间信息状态下的睡眠、觉醒及直肠温度节奏的测试结果。从测试开始到第 14 天为止，睡眠、觉醒和直肠温度节奏按照每天 1～2 小时的速度后退。这说明人体的生物节律为 25 小时左右，与地球 24 小时的自转周期出现了“差别”。这种“差别”是根据人类自身的生物钟产生的，所以人们将其称为“自由运行”（free run）。

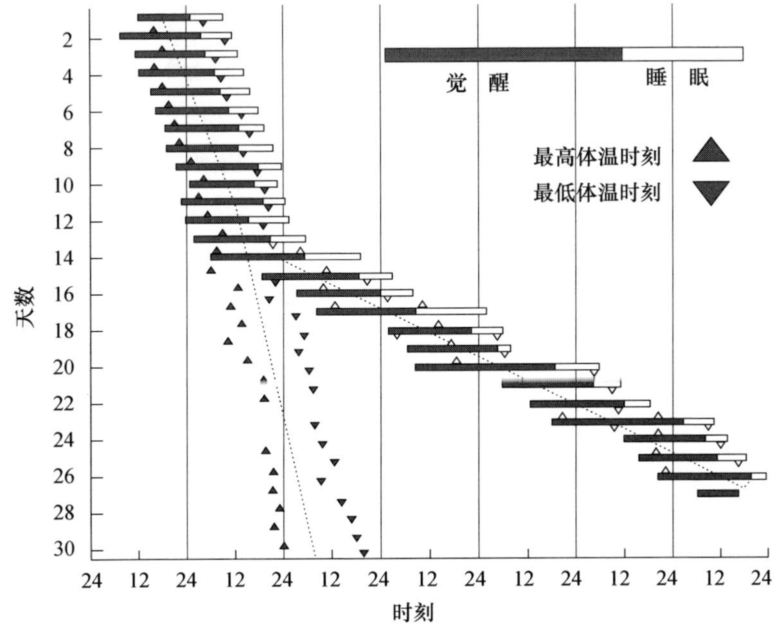

图 11.7　人在隔断外界光线及时间信息状态下的睡眠、觉醒及直肠温度节奏

注：到第 14 天为止，睡眠、觉醒节奏为 25.7 小时，直肠温度节奏为 25.7 小时，第 14 天以后的睡眠觉醒时间为 33.4 小时，直肠温度节奏为 25.1 小时，二者节奏变得不同。

知道了会很有用！

节奏相位的相同步调

由于人体的生物节律比地球自转周期稍长，比平时较晚入睡会比较早入睡更容易实施。在有时差的地方和在海外旅行的时候也是一样，向西出行会比向东出行让人适应得更快。

因此，我们都是让生理节奏与地球自转保持同步的因子之一，每天根据光和社会性日程（饮食、身体活动等）等外部信息来重置与地球自转周期的“差别”。这个实验说明第 14 天以后的直肠温度节奏仍然与初始数值维持相同。另外，睡眠、觉醒节奏的步调变得完全不一致（内在摆脱同步）。因此，这些节奏是各种不同的振动体，在这种双振动体模型中，与稳定维持节奏的内部温度相比，睡眠、觉醒节奏是较弱的振动体。

如上所述，人的体温在每天醒着时最高，在夜间睡眠时最低，所以如果产生自由运行使得昼夜颠倒，人会因体温降低而出现白天心不在焉；另外，体温升高也会使夜间睡眠变浅。这种状态下，人在到有 4～5 小时以上时差的地方旅行时会出现因时差而犯困的症状，从而导致疲劳感和不适感等身心不调的状态出现，因此为了健康生活，调整生物节律是很重要的。

四、夜型社会与生物节律

自 1879 年爱迪生发明灯泡开始，我们的社会迈向了夜型化、24 小时化。光照在给予我们各种各样便利的同时，也带来使我们将生理节奏调整为 24 小时周期变得困难的负面影响。反映这一点的典型示例，就是若长期暴露在光照下，来源于松果体的褪黑素在夜间的分泌将受到抑制。

人在就寝后通过手足等末梢部位散发温度，逐渐降低内部温度，从而达到深度睡眠，而担负促进人体末梢散热任务的就是褪黑素。

褪黑素在受到早晨的光照射后 14～16 小时开始进行分泌，夜间就寝过程中分泌量显著增加，但在白天几乎观察不到，这说明人体存在着昼夜节律。早晨 6:00 起床沐浴阳光，身体大概会在 20:00～22:00 点开始分泌褪黑素，在该时间段就寝是保持睡眠和觉醒节奏良好的关键。但是如上所述，光暴露会显著抑制褪黑素的分泌，所以即使是在夜间，处在具有大量光照的环境中会使人提高觉醒度，这必然会导致睡眠质量的损害。近年来，有研究表明数百勒克斯的室内光就能抑制褪黑素的分泌。虽然说抑制度存在很大的个体差异，但在这个任何时候都能见到光照的现代社会，人们维持生物节律是很困难的。

图 11.8 展示了日本全体国民在早上（6:00～6:15）和夜晚（22:00～22:15）的睡眠率的年份变化。在 1960 年，22:00～22:15 日本国民有六成以上都就寝了。而到了 2000 年，22:00～22:15 就寝的日本国民大约减少到了两成，社会呈现出夜型化。在这个调查中，调查样本在不同年代的比例都有若干变动，有必要思考后再对其影响进行判断。

但是，上课时间未随年份发生变化的小学生的平日睡眠时间（10 岁以上的小学生）在 1970 年是 9 小时 23 分，1980 年是 9 小时 13 分，1990 年是 9 小时 8 分，2000 年为 8 小时 49 分，2005 年为 8 小时 40 分，在逐渐缩短。因起床时刻显著延后是不可能的，所以说社会化的就寝时刻延迟，社会夜型化的产生毋庸置疑。

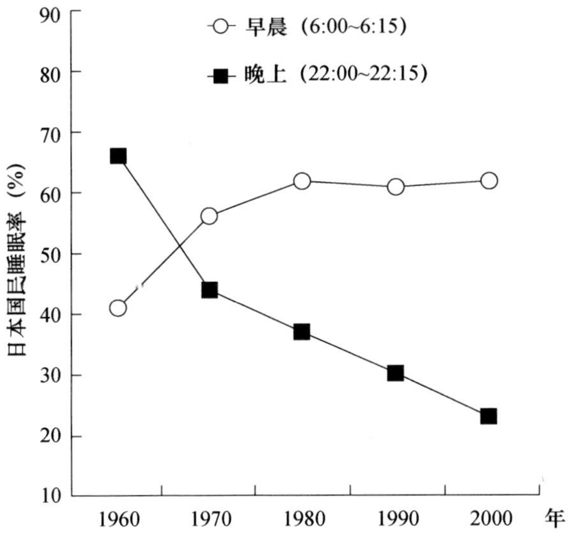

知道了会很有用！

照度（勒克斯）的大致标准：

月光亮度：0.1～1

蜡烛火光（距离 20 厘米）：10

学校教室：500

百货店：1 000

阴天时的屋外：5 000

晴天时的阴凉处：10 000

晴天时白天的阳光处：100 000

图 11.8　早晨和晚上的睡眠率的年份变化

资料来源：NHK 放送文化研究所. 日本人的生活时间 2000：NHK 国民生活时间调查. 日本放送出版协会，2002.

五、生物节律的同步因素

（一）朝型、夜型方式

体温节奏相位受朝型（早睡早起型）、夜型（晚睡晚起型）的方式所影响。通过让健康的被测者以朝型和夜型方式固定睡眠 8 小时，连续对其进行 6 天直肠温度的测量，来对比体温节奏的研究，得出了夜型方式比朝型方式的最低体温时刻后退了将近 2 个小时的结论。这项研究中，考虑到社会性因素，测试对象可以自由地选择就寝时间，夜型方式人群的夜间就寝时间与朝型方式人群相比晚一个半小时左右。因此推测就寝时间延后与体温相位的后退有关，从起床时刻向前推到最低体温时刻，朝型方式是向前推 4.2 小时，夜型方式是 3.5 小时，这说明虽然同样是 8 小时睡眠，夜型方式人群的最低体温时刻与起床时刻更接近。

人们在社会中生活，以一句“我习惯夜型方式，所以不能早睡早起”是不能推脱的。因此，根据光照与社会日程，使生物节律保持同步很有必要。随着同步因素之一的光照改变，褪黑素的分泌开始时刻可推前或推后。在一天中某个时刻以高的光照度（5 000 勒克斯）照射一小时，褪黑素在早晨开始分泌的时刻会推前 1～2 小时；相反，在夜间就会推后 1～3 小时。这说明早起沐浴晨间阳光的生活习惯可以把生物节律调整为朝型方式。

> **昼夜节律个体差异评定**
>
> 评定昼夜节律个人差异的大小，是通过使用朝型—夜型问卷等进行的。问卷中会设置理想的起床、就寝时刻及身体功能发挥最好状态的时刻等问题，有标准夜型、接近夜型、中间型、接近朝型、标准朝型的分类。

（二）运动实践的影响

运动实践也会对生物节律产生影响。一项研究以一般成年人为研究对象，将其睡眠时间固定为 8 小时并且每天都将其睡眠时间前推 20 分钟，以检测他们血液中褪黑素的分泌节律是否随之发生变化。研究得出，在起床 3 小时后及 7 小时后各进行 2 小时的功率自行车运动的一组研究对象的褪黑素分泌节律与睡眠日程同时发生前推，而在功率自行车上保持不动的对照组没有发生前推。这个结果意味着运动极大影响褪黑素分泌节律。另外，运动能有效缓解时差症状，这也说明了白天的运动实践对人的生物节律同步有着重要的作用。

图 11.9 展示了小学四、五年级的男生一天的步数与就寝时唾液褪黑素量的关系。步数与就寝时褪黑素量的确明显呈正相关（r=0.419，n=53），且在对相同时刻就寝、起床（全体平均值的±1 标准偏差内）的儿童（生活日程相同的研究对象）进行研究后得出的结果，证实步数与褪黑素分泌的关联更强（r=0.63，n=24），因此可以得出身体活动量的低下会导致褪黑素分泌节律等生物节律相位后退的结论。

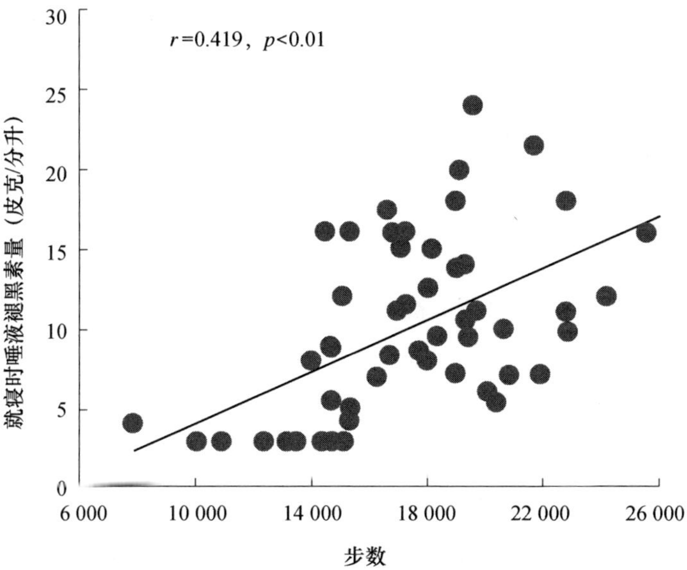

图 11.9 儿童的步数与就寝时唾液褪黑素量的关系

另外，起床时体温相对较低的儿童夜间就寝中平均皮肤温度最低值时刻，与几乎在相同时刻就寝、起床的一般儿童相比明显推迟（图 11.10），而且白天的身体活动量也明显较少。1980 年以后，日本小学生的身体活动量（步数）显著减少。夜型生活与白天活动量降低，使体温等的生物节律相位可能发生后推。要想适应上午活动量较大的学校生活，确保早睡与进行适度的身体活动是很重要的。

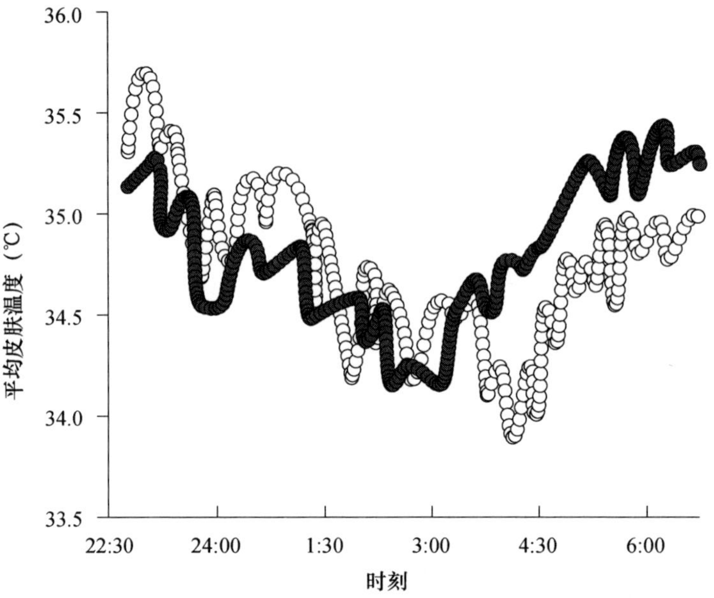

○：起床时体温低的儿童，男孩，10 岁，22:43 就寝，6:38 起床，4:20 最低值；●：对照儿童，男孩，10 岁，22:35 就寝，6:37 起床，3:08 最低值。几乎在同时刻就寝、起床，体温最低值的时刻有差异。

图 11.10 起床时体温低的儿童与一般儿童夜间就寝时平均皮肤温度的变化

资料来源：柴田真志等. 起床时体温低的儿童在夜间就寝中的体温变动. 学校保健研究，2011，53：1411.

练习题

在括号内填入恰当内容：

1. 为了避免夜间中途觉醒、白天犯困等困扰，至少需要（　　　）小时的睡眠。
2. 睡眠时间不足的部分积累起来称为（　　　）。
3. 由松果体在夜间大量分泌，促进人体末梢部位散热的激素是（　　　）。

第十二章　运动与心理健康

本章重点：

※在日常生活中进行适当的运动实践，不仅对身体健康有益，对心理健康也有积极影响。了解运动对心理健康的具体影响。

※运动是缓解压力的有效手段。了解能够有效调节压力的运动方式。

※思考能够有效促进心理健康的运动实践方针。

※理解过度的运动实践及受伤可能会对心理健康造成不良影响。

一、运动对心理健康的影响

（一）运动对心理的益处

我们在进行体育运动时，多以促进身体健康、提高体质和运动技能为目标。但即使我们未受这些意识的驱动而进行运动，身体活动也能带给我们愉悦感及达成目标的成就感，还能让我们享受与同伴交流的喜悦，这些都是我们能够深切感受到的运动带来的愉悦感。

运动实践对心理的益处，与日常生活中心理健康的维持促进息息相关，阐明运动对心理的益处成为心理学领域的重要研究课题。国际运动心理学会进行了科学研究成果收集，提出了运动对心理的益处（图 12.1）。其中最被认可的是，运动能有效减轻不安和抑郁等消极因素对人体的直接影响。另外，运动是从精神上摆脱过度紧张状态的一个方法。总之，运动对不同年龄、不同性别的人的心情和感情都有积极作用。

图 12.1　国际运动心理学会提出的运动的心理性益处

知道了会很有用！

不安状态和不安特性

不安分为不安状态和不安特性。不安状态，是在某个时间点的某个状态下感到不安，容易发生变化。而不安特性是每个人所具备的感到不安的倾向，不安特性强的人在各种各样的情况下会一贯保持不安状态。运动虽然对各种各样的不安都有减轻效果，但是对人的不安状态的缓解更有效。

世界卫生组织以促进老年人身体活动为目的提出的指导方针（《海德堡方针》，表 12.1）中，列出了运动在许多领域中的益处。这里的“身体活动”是身体活动内容的总称，其中包含了体育运动，且这些内容不限于老年人，而且是适合所有年龄层人群的共通内容。一直以来，运动对身体及生理健康的有效性被人们广泛接受，但其在心理层面的益处和社会层面的效果应该得到特别说明。运动对老年人心理产生的益处是能够有效减少精神上的不安、抑郁、紧张等消极因素，使运动者产生积极的心理和感情变化。我们若想健康地生活下去，获得生理学、心理学、社会学三方面的益处是必要条件，心理学益处处于生理学与社会学益处中间，起着连接两者的作用。

表 12.1 世界卫生组织所提出的运动对老年人的益处

类型	生理学上的益处	心理学上的益处	社会学上的益处
短期的效果	血液中葡萄糖水平的调整 儿茶酚胺活性化 睡眠质量的改善	使人放松 缓解压力与不安情绪 改善心情	活跃老年人群 促进社会活动的参与度
长期的效果	提高有氧能力 增强肌肉力量 维持身体的柔软度 维持、提高平衡力及调整能力 防止降低运动速度	保持安宁 改善心理健康 提高认知能力 防止运动能力伴随年龄增长降低 获得新技能并使之得以提高	增加老年人对社会的贡献 形成新的人际关系、交到新朋友 维持社会关系 获得与践行在社会中的功能 活跃不同年龄层人群的交流
社会层面的效果	缩减医疗费及公共看护经费 增加各种生产力量 改变老年人的形象		

> 知道了会很有用！
>
> **海德堡方针**
>
> 世界卫生组织（WHO）在 1996 年召开的以促进老年人健康为目的的国际会议上，提出定期进行身体活动实践对个人及社会产生的益处，并集合生理学、心理学、社会学三个方面的观点，制定出进行身体活动的指导方针。各国负责制定健康政策的行政机关都发布了这项指导方针。

图 12.2 综合了上述运动在心理学方面的益处。左侧箭头指基于运动实践的肯定性因素的提高，右侧箭头则表示否定因素的缓解。该图提示了运动在各个方面对心理的益处，让人们了解运动对人的日常生活的巨大影响，特别是使人们再次认识到运动能有效抑制否定情绪、身体问题及消极行为的发生。

图 12.2　运动在日常生活中的心理学益处

综上所述，运动作为增进心理健康的手段，其意义远非只是对身体健康产生效果。

（二）运动对心情的改善

如上所述，运动对心理的益处，首先体现在其对感情方面的影响，特别是对心情的改善，我们在日常生活中都会或有意或无意地感受到这一点。可以说身体活动会产生“心情舒畅”的效果。我们可以通过两个数据来观察这种心情上的改善。

图 12.3 反映了以自身感觉舒适的速度进行跑步的自身舒适速度跑（Comfortable Self-paced Running，CSPR），与愉快感、放松感等肯定性情绪及不安感等否定性情绪变化的关系。这个试验中，跑步者通过用自己感到舒适的速度跑步来对运动强度进行自由设定。通过这项试验我们可以看出，以自己感到舒适的速度跑步 5 分钟左右就会产生心情的变化，提升这两种肯定性情绪，并减轻不安感。这种倾向会一直维持到跑步结束，并且可以观察到这种状态能够持续到运动后 90 分钟，特别是我们能够看到，放松感和不安感在运动结束 30 分钟时分别达到最高和最低。

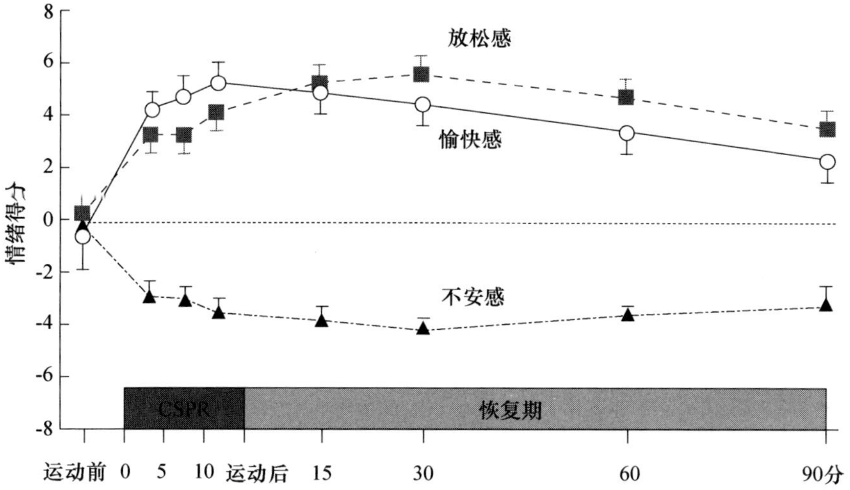

图 12.3　伴随自身舒适速度跑的情绪变化

资料来源：桥本公雄，齐藤笃司，德永干雄，花村茂美，矶贝浩久. 伴随自身舒适速度跑运动中恢复期的感情变化过程. 九州体育学研究，1996，10（1）：31.

图 12.4 是对“步行”这一日常运动对情绪产生影响的验证结果。被测者以与平时相同的速度步行 10～15 分钟，以此观察步行前后的“负面情绪”“兴奋感”“冷静感”的变化。测试发现，步行后 3 种感情都得到改善，步行结束 25 分钟后除兴奋感外，其他情感仍然维持着改善效果。因此，运动对情绪的改善效果也得到确认。

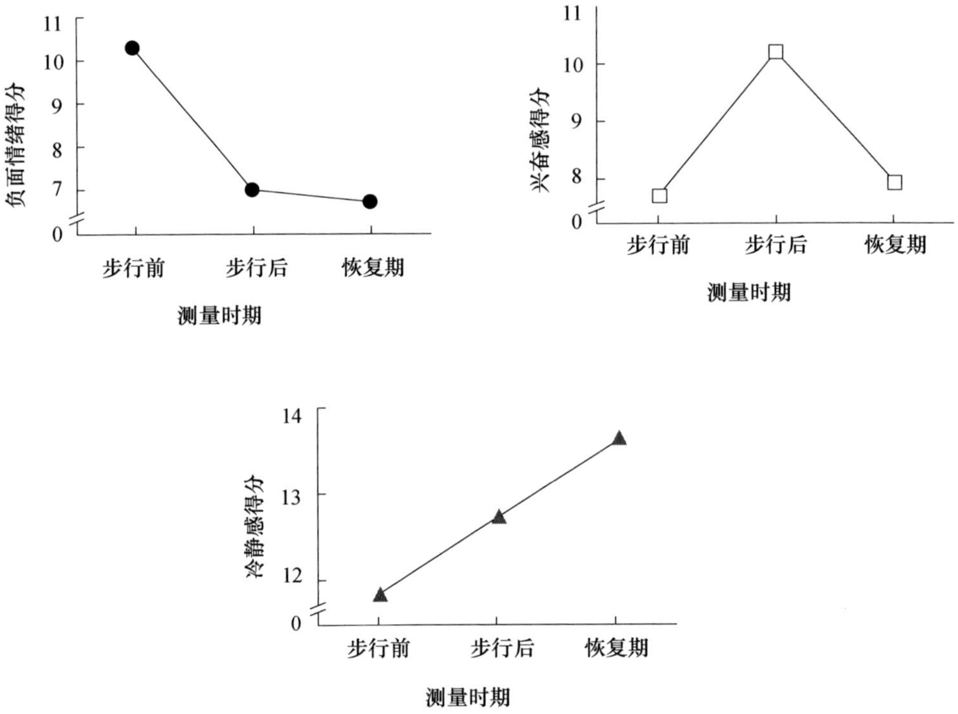

图 12.4　通过短时间的健步走产生的情绪变化

资料来源：荒井弘和，竹中晃二，冈浩一郎. 运动的暂时性感情尺度：尺度的开发与运动时的感情探讨. 健康心理学研究，2003，16：1.

图 12.5 简单概括了运动对心情的改善效果。横轴表示心情的好坏，纵轴表示从睡眠状态到高度兴奋的意识觉醒程度，四个象限是典型的心情分布。体验长跑的兴奋感是右上角的“活力”的典型示例。总而言之，通过运动人们可以使左侧否定

性情绪转变为右侧的良好情感状态，每个人实现自我活跃或者让心情得到放松，是通过运动改善心情的要点。

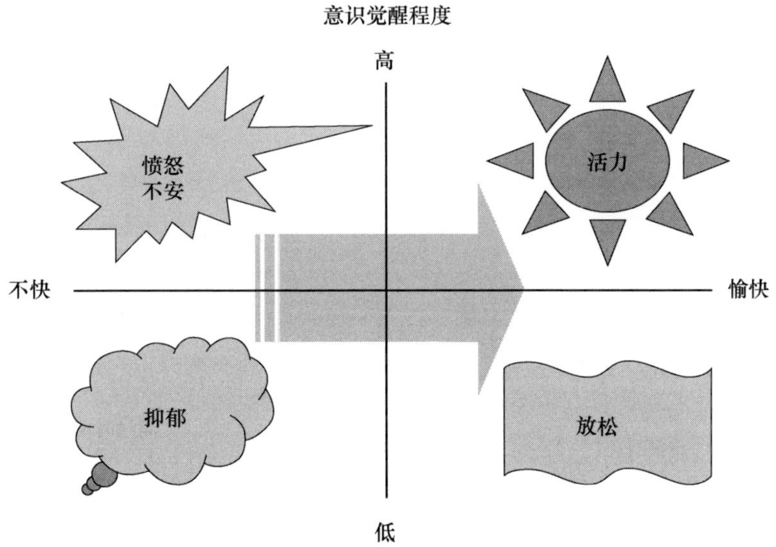

图 12.5　运动对心情的改善效果

二、运动对压力的调节

（一）体质与耐压性

在阐述运动对压力的调节前，先阐述一下体质与耐压性的关系。关于“体质好的人耐压性也高”这一观点，赞成与否因人而异。对这一观点主要通过实验研究来验证，以心算测试及电脑测试作为压力源来测定人们应对压力时的心率、血压和皮肤温度等情况。该实验表明有氧能力高的人在压力测试中的反应较低，并且在测试结束后恢复很快，测试结果支持了体质（有氧能力、心肺能力）与耐压性之间的关联性。

图 12.6 展示的是在日常生活中“有氧能力高的人耐压性也高”现象的重要研

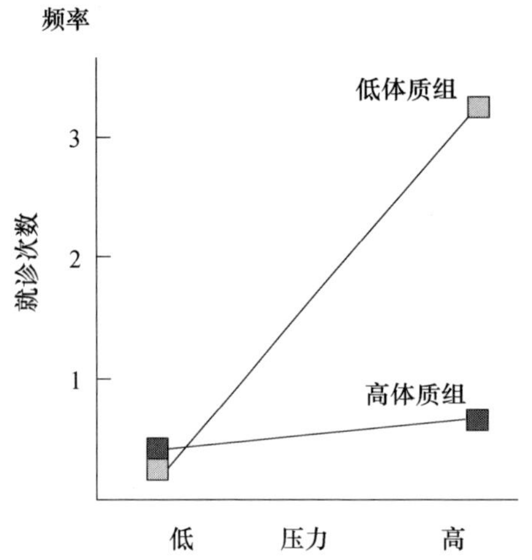

图 12.6　不同压力状态下体质与就诊次数的关联性

究结果。这项研究以大学生为调查对象，通过功率自行车测定有氧能力并按测定结果将调查对象分为低体质和高体质两组，对他们在特定期间内的生活方式及就诊次数进行调查。调查结果显示，在压力较低的安稳生活状态下，两组对象就诊次数并无太大差别；但在压力较大的生活状况下，只有低体质组就诊次数有所增加。也就是说，有氧能力高的人群即使身处压力中，也能维持正常生活，从中可以看出体质是支持耐压性的一个重要因素。

但是，这里又产生了一个问题。虽然说一般情况下，体质好的人应对压力能力强，那么“强”的本质该如何定义？也就是说产生了“身体即使在压力状态下也不受影响”，还是“即使有压力源，但感觉不到”，又或是“能够很好地消除压力”的疑问。在明确回答这一疑问前，我们先使用压力理论模型来说明运动对压力的缓解作用。

（二）运动的压力调节机制

压力调节是指“了解自身压力，采用适当对策，减轻或消除压力”，是一种应对日常生活中种种压力的良好协调能力。图 12.7 是在压力认知评价模型中发现运动的效果，说明了运动调节压力的作用。该模型的特征是针对压力源进行两次评价。

首先，第一次评价是根据自身心理强大程度来判断压力源强弱程度，因此不同的人对相同压力源的强度评价不同。接着进行第二次评价，第二次评价是以压力强度为基准选择应对行为的流程，以压力源自身问题解决为导向的问题焦点型方法与抵制由压力派生否定性情绪的情感焦点型方法有很大的区别。若选择情感焦点型的应对方法，便可发挥运动的短期效果。运动可以缓解伴随压力产生的负面情绪。

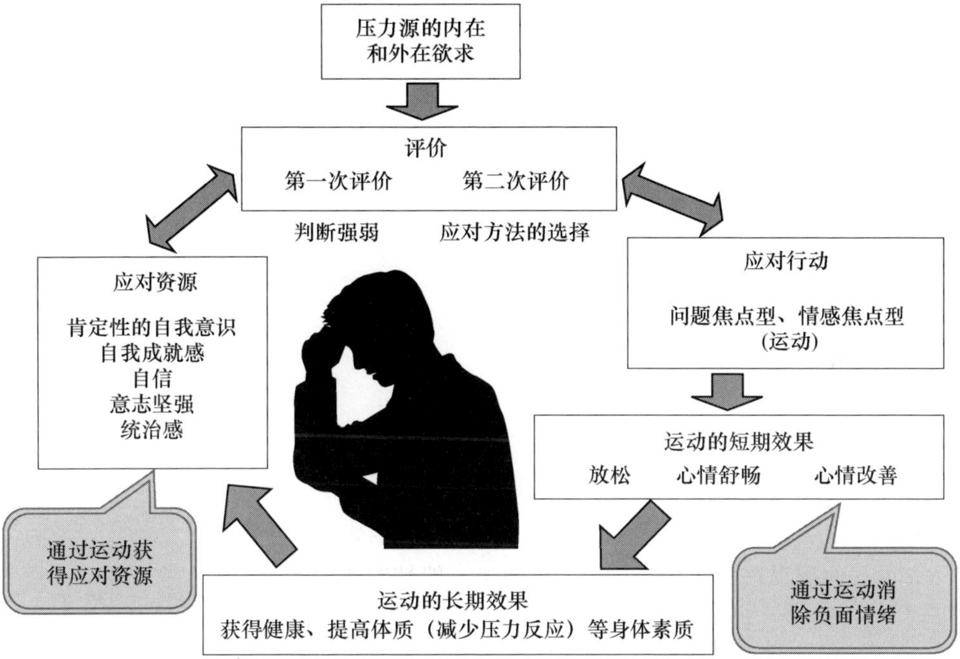

图 12.7 从压力认知评价模型看运动对压力的调节

长期的运动实践在提高体质、降低身体的压力反应的同时，还能增强身体自信。所谓身体自信，是在循环模型中强化压力应对资源，从而可以通过强化后的应对资源与新的压力相抗衡。

通过身体活动和体育运动良好地控制压力带来的负面情绪，获得冷静处理问题的自信，是通过运动成功调节压力的关键。

三、促进心理健康的运动实践方针

（一）改善心情的实施方法

之前已说明了运动对心情的改善效果，那么要达到改善心情的效果，需要进行什么样的运动呢？图 12.8 总结了运动有效改善心情的三个要素。但是，这些条件并不是绝对的，只是每个人制订运动计划时的一个参考。

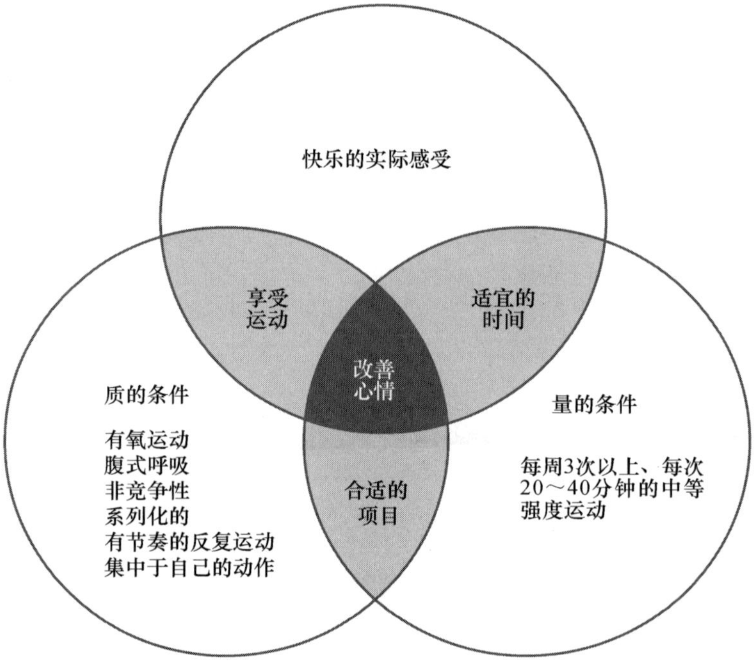

图 12.8　运动改善心情的三要素

首先在量上，推荐“每周 3 次以上，每次 20～40 分钟的中等强度运动”。中等强度，就是稍稍增加呼吸和心率，感觉到体温上升的程度，不一定必须是使呼吸急促的强烈运动。接下来是运动的质，不要与能够边运动边顺畅呼吸的人相比，将注意力集中在自己身上，按一定顺序循环进行运动才能具有改善的效果。最后是实现量与质都不可缺少的“快乐的实际感受”。这也就是说，无论运动计划在客观角度上多么适合，一旦运动者感受不到乐趣却持续进行运动，就不能指望他的心情会得到改善。因此，也要考虑到不快乐地持续进行运动的情况，重新理解运动的愉悦感很有必要。

（二）思考运动的快乐

图 12.9 展示的是运动的快乐，是以独处时感受到的内在因素和从周围环境中能感受到的外在因素为两极的横轴，以胜负和纪录等目标达成情况为纵轴的分类，实际上运动蕴含着各种快乐方式。

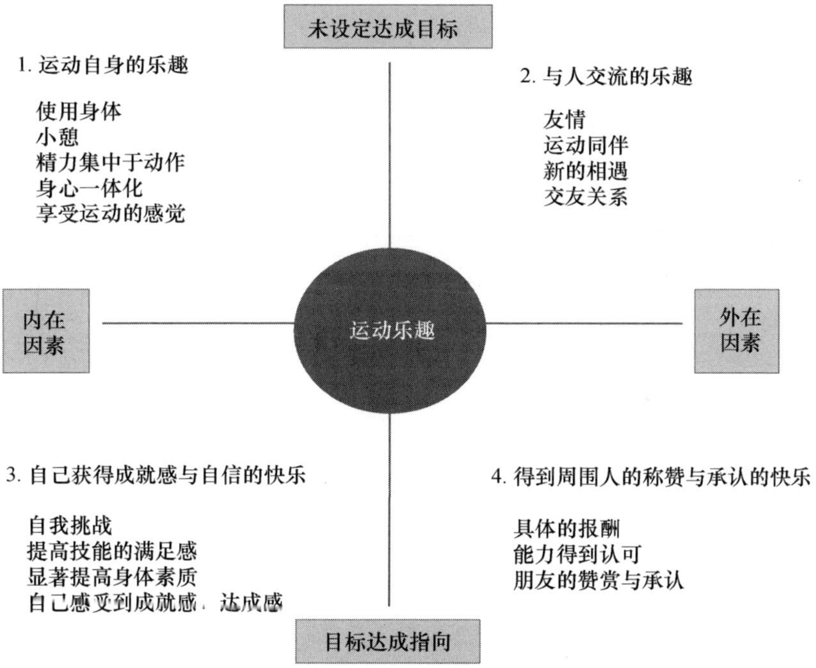

图 12.9　运动乐趣的各种方式

如图 12.9 左上部分，即使不设定运动目标，人也能感受到身体活动本身所带来的乐趣，还能得到片刻的休息，即使不与实现右下部分目标的人相比，也可获得满足感和自信，从而感受到快乐。右半部分展示的是通过运动实践产生与人进行交流的快乐及竞争胜利的喜悦并得到周围人认可的快乐。在这里，最重要的是认清任何快乐没有优劣之分，而且也没有必要在某一点上过分纠结。要明白每个人自身感受到快乐才是运动所带来的真正乐趣。

接下来介绍一下对能让自己感受到快乐的运动方针进行概括总结的图 12.10。这个图展示了“步调”“爱好”“场所”适合自己的重要性。“步调”是运动的频率和强度，过度的运动实践必然会给人带来疲劳感。“爱好”不是一时的流行和模仿别人，重要的是选择自己喜欢的项目、内容。“场所”是运动实践的同伴和群体的氛围及志向，与自身追求相吻合，典型示例就是胜利志向一致的竞技性氛围、重视活动的友好团体，志向是否吻合与运动的愉悦程度有很大的相关性。在参照他人意见的同时，自己做决定选择这些要素寻找运动的快乐是很重要的。

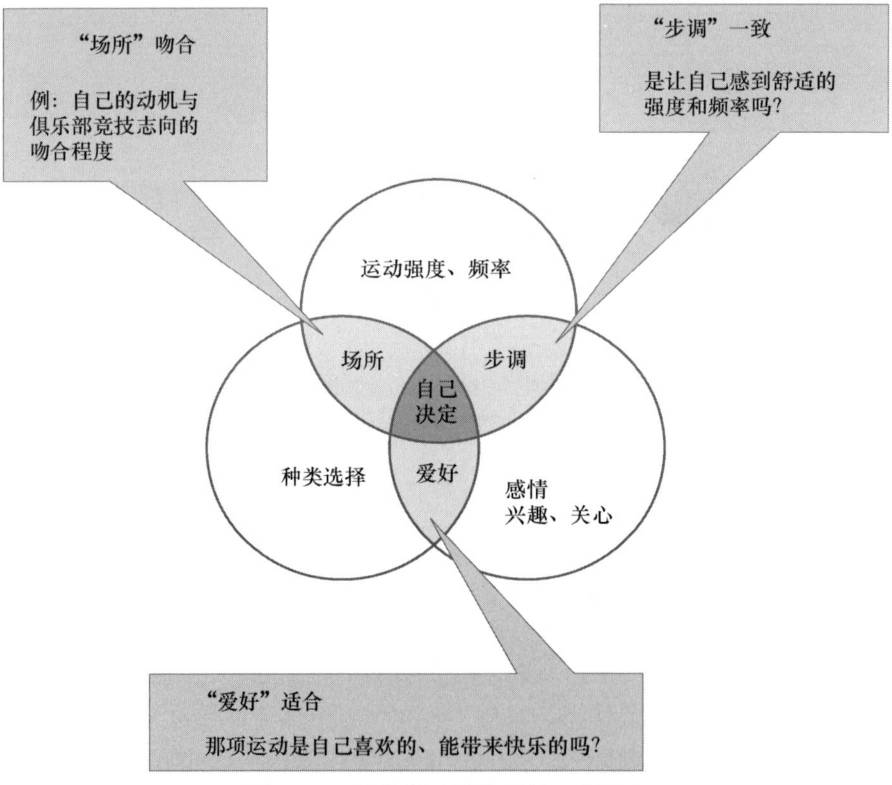

图 12.10　寻找运动的快乐的三个要素

（三）促进心理健康的快眠、快食、快便

下面介绍一个通过运动增进心理健康的实践方针。图 12.11 所示的是将运动实践与心理健康的关联放入以“快眠、快食、快便”为媒介的模型中，表明运动实践在带来快速入睡、具有精神满足感的饮食及排便通畅的基本身体状况的同时，具有促进心理健康的作用。我们在判断自身心理健康状况时，如果没有相关概念，是很难作出判断的。这与凭借健康诊断数据把握身体健康状况是不同的，判断自身心理状况，有必要先了解自身心理，再自主进行判断。

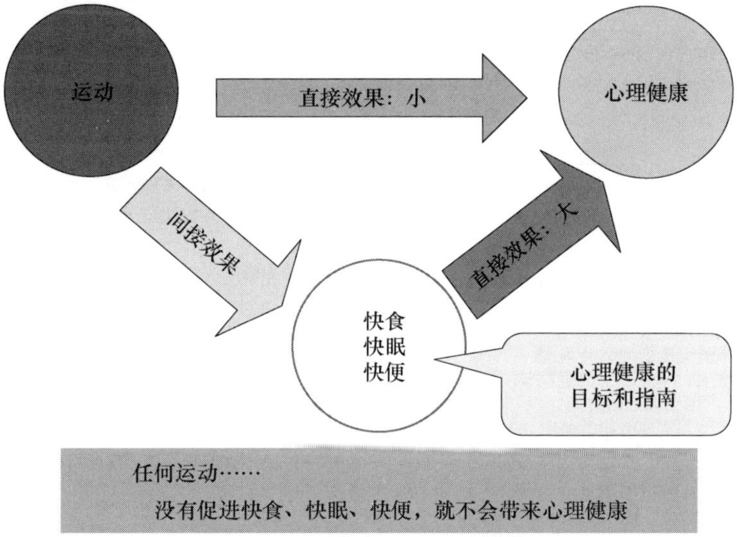

图 12.11 快眠、快食、快便的实践指导方针

资料来源：高见和至，石井源信. 身体状况改善促进心理健康的可能性：对以快食、快眠、快便为媒介重要因素的心理健康模型的探讨. 体质、营养、免疫学杂志，2004，13（3）：166.

因此，判断自己心理健康的一个基准，是看平时“能否很好地睡眠”“饮食生活是否有满足感”“排便是否通畅”，即是否是一种快眠、快食、快便的状态。这些虽然都是心理层面的问题，但凭借身体症状自己能够有实际感觉。如果大家想要通过运动改善心理健康，就要以通过运动来促进快眠、快食、快便为目标，并制订适

合自己的促进快眠、快食、快便的运动计划，从而找到通过运动来改善心理健康的切入口。

四、运动不当对心理健康的不良影响

（一）运动成瘾

运动成瘾（exercise addiction）/运动依赖（exercise dependence），是由于重复进行过度的运动实践影响了日常生活，从而对工作、学业及人际关系产生不良影响的状态。我们都希望能够将运动习惯化，但是当习惯化无法明确划分，也就是说当处于“超出尺度”的实践状态，会出现各种各样的问题。图 12.12 总结了运动成瘾的征兆和防治策略。

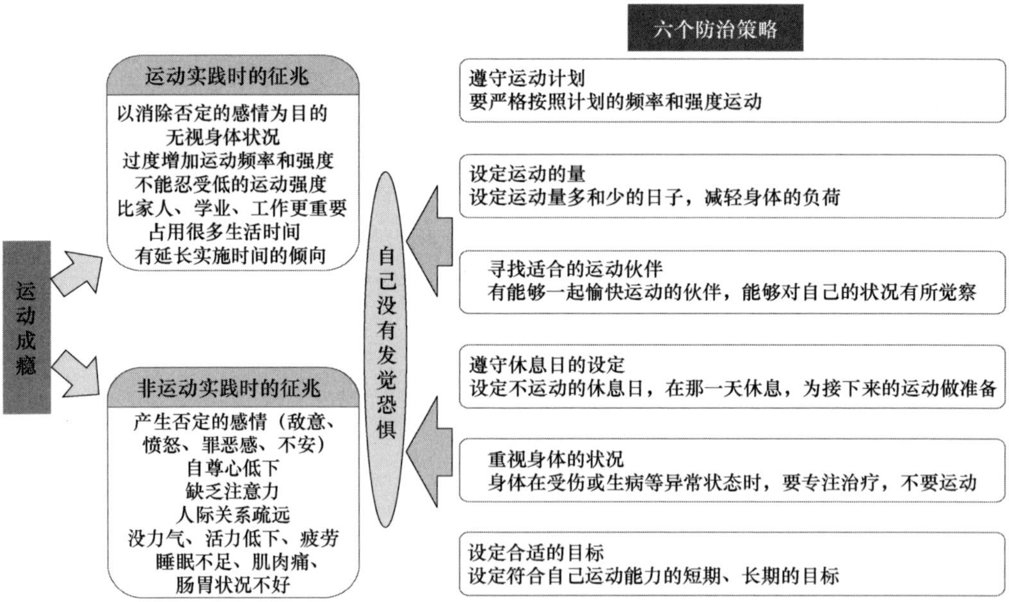

图 12.12　运动成瘾的征兆和防治策略

运动成瘾的征兆体现在两方面。一方面，运动实践时的征兆是“消除否定性情绪是主要目的”“若不进行制烈运动便无法得到满足”“影响到生活中的其他活动”“忽视受伤及身体不良状况继续进行运动实践”等脱离平日习惯的特征。另一方面，如果出于某种原因无法实施运动，就会出现强烈的敌意及罪恶感等否定性情绪，从而引发不良的身心状况，疏远人际交往的倾向也会出现，这不仅会对心理健康，也对日常生活带来不好的影响。

运动成瘾的麻烦之处在于，从表面上来着，它与强烈的运动习惯化很难区分，运动者本人也很难察觉。若运动者本人或别人察觉到运动成瘾的症状，有必要采取防治策略，尽早改善运动实践方法，以还原到初始状态。

（二）受伤对心理的影响

人只要进行运动，就难免受伤，一旦受伤要进行合适的治疗。但是大家要知道，习惯了运动的人，如果因为受伤而无法进行运动，即使他们不是上述的运动成瘾的情况，也会因受伤而对心理健康造成消极影响。

图 12.13 是将人在运动时因受伤而产生否定性情绪的流程模型化的图示。人因

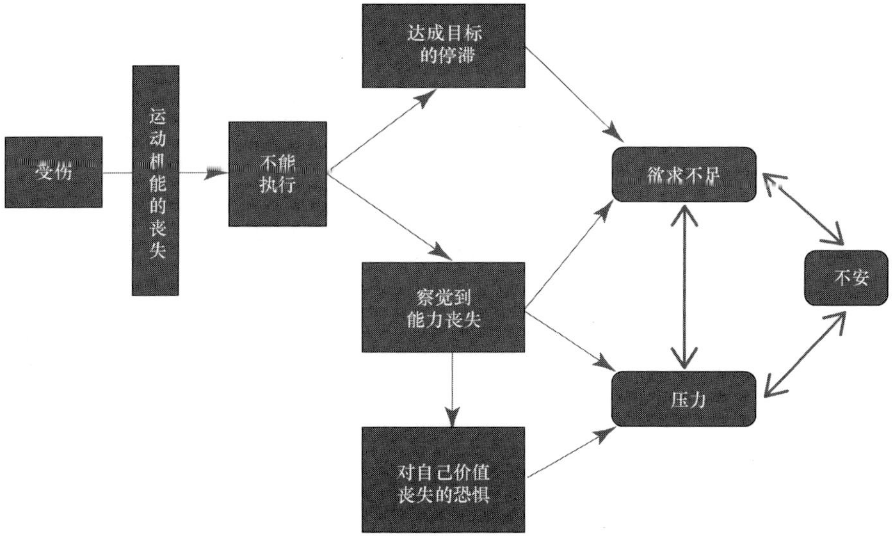

图 12.13　受伤引起的否定性感情

为受伤而无法运动时，在阻碍目标达成的同时会降低自我评价，这种状态会让人产生不满足感及心理压力，最终会引起强烈的不安感。另外，这一系列否定的感情形成恶性循环，即使进行合适的治疗及医疗指导，但如果受伤者不想面对自己的感情，也会造成阻碍。

无论自己还是他人受伤，都会产生否定性情绪。为了缓解这种情绪，社会支持（周围人的帮助和鼓励）是必不可少的。

> 知道了会很有用！
>
> **社会支持（social support）**
>
> 指通过人际关系和与社会的关联而获得的各种支持，包括情绪方面（共感和激励）、道具方面（物质性援助）、信息方面（建议及提供有益的信息）、评价方面（肯定的评价）的支持。公认的社会支持的效果是减轻压力、解决心理问题、促进健康行动的继续化。（参照第十三章）。

练习题

在括号内填写恰当内容或回答问题：

1. 运动承担着专门治疗（　　　）的辅助任务。
2. 运动改善心情的效果有哪些？（两点即可）。
3. （　　　）型应对方法可发挥运动的压力调节的短期效果。
4. 促进心情改善的运动实践量的条件是，每周进行（　　　）次以上，每次（　　　）～（　　　）分钟中等强度的运动。
5. 运动成瘾的征兆可体现在（　　　）和（　　　）两个方面。

第十三章　运动习惯的形成

本章重点：

※理解为了健康并增强体质应该习惯化的运动种类和运动量。

※客观把握运动习惯，思考形成运动习惯化的主要心理因素。

※养成运动习惯，学习维持并增进运动习惯的方法手段。

一、健康所必要的运动习惯

（一）身体活动和体育运动

大家都明白运动对身心健康的巨大影响，所以各个年龄层的人群需要将运动实践纳入日常生活中以养成运动习惯。但是，大家对于以什么样的项目、什么程度的运动量进行运动等应该习惯化的运动内容还不甚了解。在其他章节中，我们介绍了适合不同人生阶段人群的运动方针，在这里，我们要思考有关运动习惯的实施。

我们平时把活动身体的活动称为“运动”“体育运动”或者“身体活动”。这些概念有“发挥肌肉的力量以活动身体的一部分或全身”的共同点，但是考虑到健康所必要的运动内容时，就有必要区别理解这些概念了。

图 13.1 是根据活动的特征和强度，对身体活动、运动、体育运动的分类。首先，进行“身体活动”，比身体处于安静状态时消耗的能量更多，是对所有活动的概括性词语。而身体活动，根据实施状态可以分为“日常活动”“运动”“体育运动”。“日常活动”，是身体活动中除去运动和体育运动以外的活动，是家务活及工作中活动身体的活动。如果以减轻体重并增加能量消耗为目的进行运动，增加日常活动量

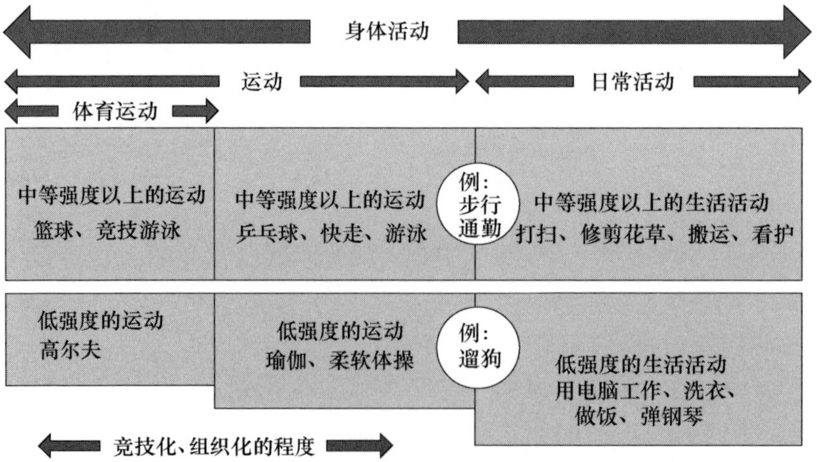

图 13.1　身体活动、运动、体育运动的分类

资料来源：“基于健康促进的运动指南（2006）——为了预防生活方式病”，有改动。

也是有效手段。“运动”是以维持和增强体质为目的，有计划地实施的活动，其基本特征是自由地进行适合自己的活动。而“体育运动”包含于运动中，是有规则、成体系化并且有集体组织的活动。如果有交朋友及与朋友交流的需求，就不应选择单独进行的生活活动和运动，而应参加体育运动。

但是，以上这些活动是不能被明确区分的，例如，步行通勤及遛狗，根据当事人的意愿，可以归为运动，也可以归为生活活动。另外，体育运动和运动的区别也取决于运动者本人是为了竞技还是作为消遣娱乐而实施，重要的是要基于自己进行活动的目的，选择适合自己的身体活动。

（二）运动习惯化目标

本章首先阐述了以健康为目的而养成运动习惯的中心思想。在此首先说明一下为了健康而进行习惯化的运动的质和量。表 13.1 是日本和美国的相关行政机关和美国的研究组织提倡的运动基准的概要。

表 13.1 运动习惯化目标的内容

要素	日本厚生劳动省（2006）	美国运动医学会（2006）	美国卫生与公共服务部（1996）
目的	预防生活方式病	增进一般体质	提高健康相关体质
种类	包括运动、体育运动、日常活动的全部身体活动	有氧运动（大肌肉群、慢节奏） 肌肉力量训练（每周进行 2～3 天、8～10 种、8～12 次的训练）	有氧运动（使用大肌肉群） 大肌肉群的肌肉力量训练（8～10 种、8～12 次）
强度	3 代谢当量以上的强度	最大心率的 64%～93% 心率储备的 40%～84%	3～6 代谢当量的中等强度运动
频率	代谢当量×运动时间以 4 单位以上的强度运动一周、共实施 23 单位以上。 例：每天快走（4 代谢当量）合计 1 小时是 4 单位，每周进行 5 天是 20 单位	每周 3～5 天	最好能够每天进行训练
时间		连续或者合计进行 20～60 分钟，最低也要进行 10 分钟	一次运动 10 分钟以上，合计 30 分钟以上

资料来源：“基于健康促进的运动指南（2006）——为了预防生活方式病”。

日本厚生劳动省近年来发表了预防生活方式病的指导方针，这里将全部的身体活动作为对象，提倡有目的地增加包含日常活动的能量消耗量，进而提倡积极参与运动实践。在运动实践时间方面，快步走（4 代谢当量）合计进行 1 小时以上被认定为比较少的量，但对于坐着工作的人群来说，更有必要养成运动习惯以满足运动及体育运动的基准。

美国的两个机构提出了维持健康所必需的体质的运动基准。运动内容是每周进行 2～3 天提高心肺机能和能量消耗的有氧运动及 30 分钟以上适当的、中等强度的提高身体可动性的肌肉力量训练。所有的基准都不是以多大的运动量为标准，而是考虑能产生效果的必要条件，以达成运动习惯化目标。

二、形成运动习惯的心理因素

思考从没有运动意愿的状态到每天不能缺少的强烈的运动需求这样的一系列行为变化，而且在行为变化过程中个人心理也发生了变化。在这里为了让大家理解运动习惯化，从三个角度来说明与运动习惯相关联的心理因素。

（一）运动习惯化的阶段模型

这个模型是将人类从不想运动、运动未开始的状态到可以长期持续运动的状态详细划分为 5 个阶段，并根据习惯化程度来认定所在阶段。

表 13.2 是定期的运动习惯的阶段模型。从分类的角度出发，首先，在运动实施现状方面，若已开始实施运动，根据“是否定期实施”“是否持续进行 6 个月以上”分为准备、行动、维持三阶段；未开始实施运动的话，则根据“6 个月以内有无开始实施的意愿”分为前意向和意向两个阶段。在习惯化的程度方面，定期持续进行 6 个月以上的运动阶段习惯化程度最高。

表 13.2　定期的运动习惯的阶段模型

5 个阶段	特征		
	有无实施	有无意愿	习惯化程度
前意向阶段	没有实施	6 个月以内没有实施的意愿	没有习惯

续表

5 个阶段	特征		
	有无实施	有无意愿	习惯化程度
意向阶段	没有实施	6 个月以内有实施的意愿	没有习惯
准备阶段	不定期实施	虽然不是定期进行，但是有实施	低
行动阶段	实施	有定期实施，但是在 6 个月内	中
维持阶段	实施	定期持续进行 6 个月以上	高

图 13.2 是判定运动习惯化阶段的问卷示例。若询问具体运动量，可以将问卷中相关部分改为“每周进行 3 次、每次持续 30 分钟以上的中等强度运动”，这种方法广泛应用于把握行动习惯化的过程中。这个方法的优点是在能够简单掌握运动习惯化程度的同时，还能根据各阶段特征来思考促进运动习惯化的策略。对于处于前

此问卷包含您的运动习惯状态的相关问题。问题中的“运动”，指让人的呼吸和心率比平时更快、体温会上升、同时有出汗现象的活动，还包含了健步走、慢跑、骑自行车、游泳和武术等各种运动项目。

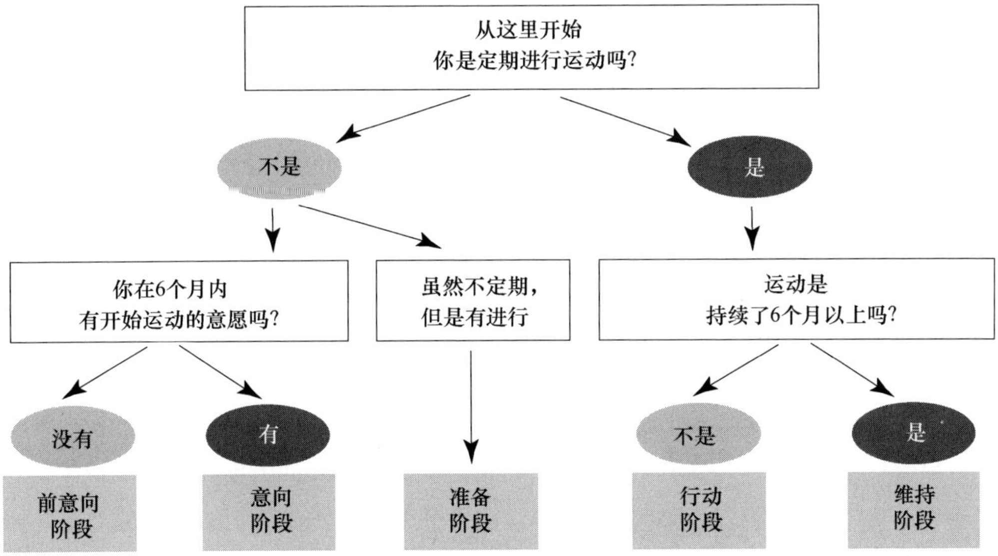

图 13.2　判定运动习惯化阶段的问卷示例

意向阶段的人群，首先要从让他们理解运动的必要性开始。对于处于意向阶段和准备阶段的人群，则要给他们提供容易开始并能够坚持下去的运动项目。特别是在准备阶段的群体，只能不定期实施运动，因此有必要解决阻碍他们定期实施运动的具体问题。对于处于行动阶段和维持阶段的人群，则要思考如何防止其沉迷于某种运动，避免因受伤而中断运动也是很重要的。

知道了会很有用！

行为变化的阶段模型

这是通过共通行为变化过程设定变化的阶段来掌握特点的模型总称。介绍的这个模型，是通过观察禁烟及禁酒等健康行动的临床变化过程，经过半年持续的思考对习惯的稳定性基本目标进行设定。这个模型是现在广泛应用的模型，但是也存在考虑身体行为及运动的行为特征后独自制定的模型。

（二）运动的动机

我们在判断自己和他人的行动积极性时，会考虑有无“干劲”。“干劲”对于运动的实施有很大的影响。在心理学领域中 “干劲”被称为“产生动机”，是理解行动的质和量的有效指标。

图 13.3 是以动机产生的自我决定论为基础，展示运动产生动机的变化。图中显示越往上层走，自己产生对运动感到愉悦的内发性动机的比例越高。

中层部分是运动的优点及周围人的评价等外发性动机的 3 个阶段：首先是应周围人的要求所进行运动的阶段；其次是避免由于不运动产生否定性感情的阶段；最上层为因实施运动获得益处而产生动机的阶段，这是向内发性动机阶段推移前的阶段。最下层是没有产生运动动机的状态。自我决定论将动机的产生过程进行线性排列，探索行动的背景。运动的内发性倾向越大，即使没有外力推动也能够自主进行运动，则运动的习惯化程度越高。相反，如果外发性倾向越大，运动实施变成一种义务，则运动的习惯化程度也会越低。

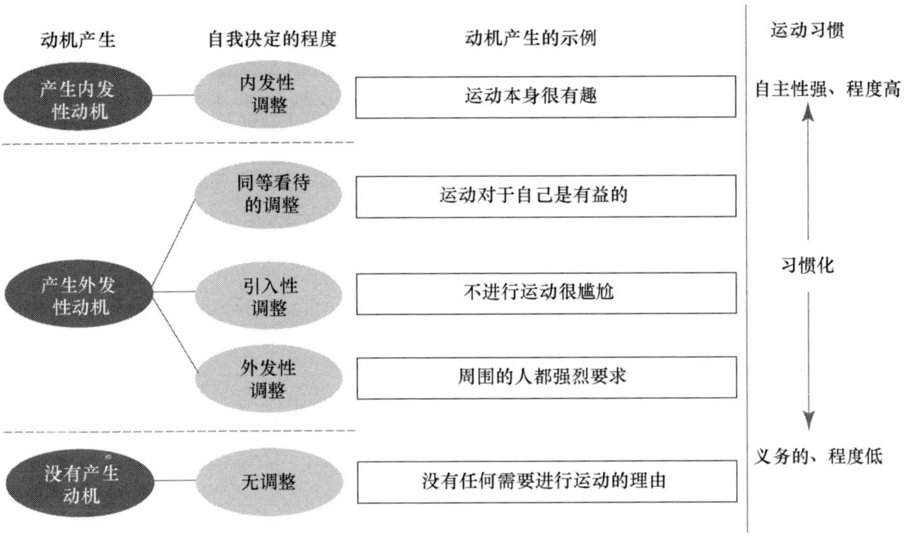

图 13.3 运动动机产生的变化和运动习惯化

资料来源：竹中晃二. 运动与健康心理学. 朝仓书店，2012：30. 有改动。

知道了会很有用！

外在动机和内在动机的产生

外在动机的产生是由自己之外的主要因素所决定，也就是说人为了获得报酬、赞赏认可等产生了动机，所做出的行动是为了达成某种目的所使用的手段。而对于内在动机，所做出的行动本身就是目的，从行动中获得的喜悦、成就感等内在因素是内在动机产生的状态。

图 13.4 是用以简单测定运动产生动机的自我决定程度的问卷。在计算出 5 个主要因素的各合计分数之后，将其记入图 13.4（b）的自我评价表中。如果分数在该评价表的右上限，就是内发性动机占优势，在右下限则为外发性动机占优势，这些可以对运动的状况做出解释。要使运动习惯化，提高内发性动机是很重要的。

	问题项目	完全不符	基本不符	哪个都不是	稍微符合	很符合
无调整	不明白为什么运动	1	2	3	4	5
	没有运动的动机	1	2	3	4	5
	没有任何运动的意愿	1	2	3	4	5
					合计分数：	______
外发性调整	因为我运动会让周围人得到满足	1	2	3	4	5
	因为周围人说应该要进行运动	1	2	3	4	5
	因为我不运动周围人会觉得不好	1	2	3	4	5
					合计分数：	______
引入性调整	因为不进行运动我会有罪恶感	1	2	3	4	5
	因为不进行运动会让我有堕落的感觉	1	2	3	4	5
	因为不继续运动会让我觉得自己是个废人	1	2	3	4	5
					合计分数：	______
同等看待的调整	因为我觉得运动是好事，应该去做	1	2	3	4	5
	因为我认为运动是提高自己的好方法	1	2	3	4	5
	因为我觉得运动对于自己很重要	1	2	3	4	5
					合计分数：	______
内发性调整	因为我认为运动本身很有趣	1	2	3	4	5
	因为运动是会让我感到满足的活动	1	2	3	4	5
	因为运动会让我有成功的喜悦	1	2	3	4	5
					合计分数：	______

（a）

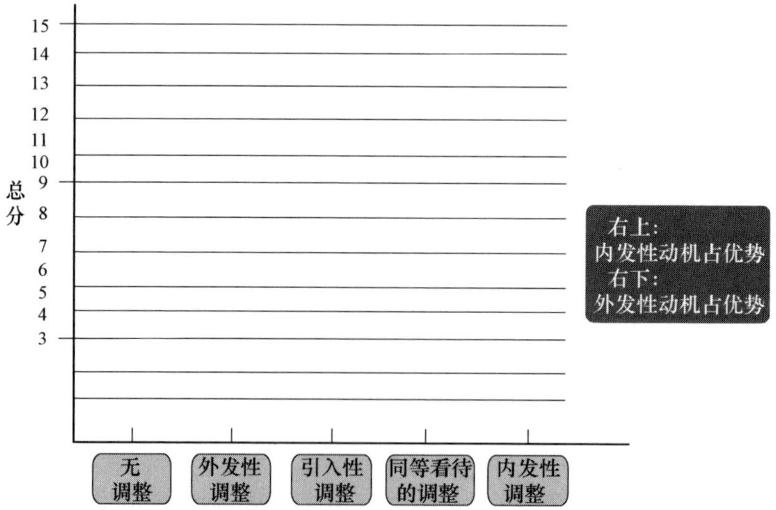

（b）

图 13.4　运动产生动机的自我决定程度问卷（a），对运动产生动机的自我评价表（b）

资料来源：荒木雅信. 接下来学习的运动心理学. 大修馆书店，2011：39.有改动。

（三）运动习惯化的心理过程

运动习惯化的过程中，除了产生动机的变化，其他的心理因素也发生着变化。图 13.5 提示了伴随着运动习惯化而发生变化的四个心理过程。

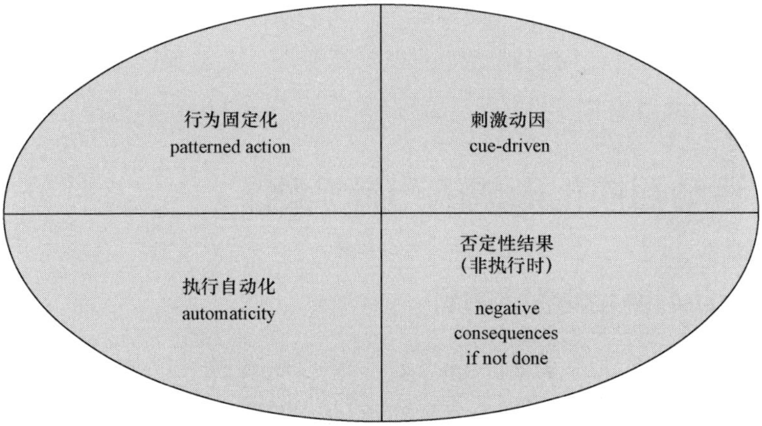

图 13.5 运动习惯化的心理过程

资料来源：高见和至. 运动习惯化的心理过程：概念化和测定的尝试. 日本运动心理学会第 36 次大会抄录，2009：82.

“行为固定化”，是指运动一旦习惯化，决定其内容及过程的方法就会产生。例如，特定的慢跑路线、一系列的准备运动、锻炼的顺序等会伴随着习惯化而形成某种固定顺序。

“执行自动化”，是开始运动时不会感到有负担的倾向，准备工作十分顺利，并且无论进行什么运动都不会陷入疑惑状态。对于执行自动化较强的人来说，进行运动是一件十分自然的事情，不论是时间方面还是心情方面都能迅速进入运动状态。

“刺激动因”，是指运动高度习惯化的人只要受到与运动实施相关的刺激，就会产生想要运动的倾向。例如，碰上舒适的天气及美丽的运动场，看到正在愉悦运动的人，听到与运动相关的音乐，自己就会产生想要运动的想法。

“否定性结果（非执行时）”并不是在进行运动时产生，而是在没有进行运动时产生否定性感情的倾向。对于没有运动习惯的人来说，不进行运动不会有什么特别的感觉；而那些运动习惯化程度高、几乎每天都要运动的人，如果某天出于某种原因没有进行运动，就会产生心理焦虑及罪恶感等否定性情绪，并会感到烦躁。

这些运动习惯化的心理过程，是运动习惯化产生的结果，但同时也可以作为促进运动习惯化的手段加以利用。减轻准备运动的负担，实施最初决定的模式，从而形成惯例；利用并结合能够刺激运动的视频及音乐；未实施运动所产生的否定性情绪也可以促进运动习惯化。

三、运动习惯化形成的方针策略

（一）运动习惯化的促进方针

在确立运动习惯化方案前，有必要考虑心理因素。这些心理因素，是运动实践者自身的坚持，也就是“决定了的运动，即使没有外部力量的推动，也能自己执行的程度”。为了加强运动的习惯化并使之维持下去，要根据运动实践者的状况将各种方法组合起来。维持运动习惯化的指导方针有以下 19 条：

1. 针对个人状况（例如：运动习惯化阶段）制定相应方针。
2. 利用海报、标语和音乐等刺激开始运动的心情。
3. 享受运动本身的乐趣。
4. 在一定程度上固定运动的时间段、场所及内容。
5. 运动开始的准备工作不要太过复杂。
6. 设定适合自己的运动强度、频率及时长。
7. 与朋友及同伴一起布置运动场地。
8. 根据当时状态选择运动的内容。
9. 若对提供的运动项目不满意，则可要求改变。

10. 若认真进行了运动实践，要给自己设定奖励。
11. 关于是否很好地进行了运动实践，要创造进行相关评价的机会。
12. 要为运动寻找便利的场所。
13. 自己决定适合自身的目标。
14. 在运动过程中不要过分在意自己的身体。
15. 制造在少数人间进行运动实施方法讨论的机会。
16. 要首先理解进行运动的负担和优点。
17. 从家人、朋友和同伴中得到支持与帮助。
18. 记录运动的实施状况。
19. 选择瘦身或提高体质等符合自身目的的运动。

虽然上述的指导方针中也包含了“目标设定”和“社会支持”（P191）的部分内容，但在促进运动习惯化的基础上，还要特别注重这两者的的重要性，这尤为有效。

（二）目标设定

在日常生活中，人们完成学习、健身、减肥等必要任务时，需要设定目标并朝着目标努力。我们都是为了实现目标而产生动机，然后开始行动，之后又因为有目标意识，从而自我鞭策，以确保能够持续行动。这样设定适合的目标，就会“注意应该做的事情”“提高努力程度”“努力产生创意”，为促进运动习惯化而发挥更大的作用。

但是，为了提高动机而进行合适的目标设定，要注意几个要点。图 13.6 是称作“明智目标”（SMART Goals）的进行有效目标设定的 5 个因素。

图 13.6 “明智目标”（SMART Goals）的 5 个因素

在设定目标时还有重要的一点——合适的短期目标和长期目标并用。图 13.7 将达成目标的过程比作登山的过程，展示了短期目标与长期目标的关系。相对于作为长期目标的增进健康、增强体质，从山麓阶段开始的短期目标随着日程进行排列。这种短期目标更直接地表现为行动，并具有持续进行直到完成高难度的步骤的效果。运动习惯的形成，不仅与心理因素相关，而且与身体因素也有很大的关联。在考虑运动产生的生理上的效果的同时，要进行避免过度疲劳及伤害危险的目标设定。

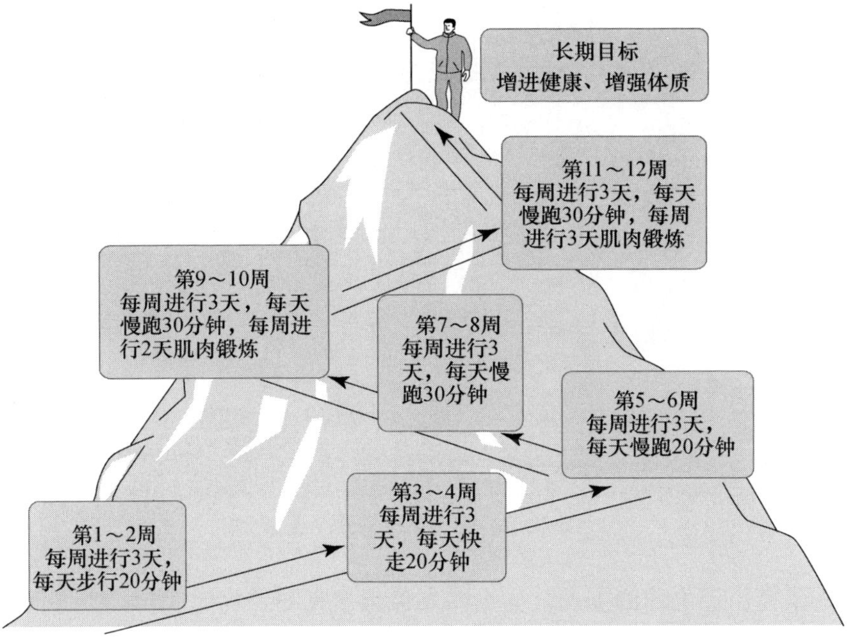

图 13.7　短期目标和长期目标的登山模型（增进健康、增强体质）

（三）社会支持

社会支持（Social Support），意思是来源于社会的帮助，是包含家人及朋友的周围人提供的有形或无形的帮助。有了这些社会支持，自己就能够为实现目标开始行动并长时间坚持下去。若将运动习惯化作为目标，相比于自己一个人进行实践，周围的人们如果能提供鼓励、建议和具体的帮助，就不会发生“三天打鱼两天晒网”的情况，就能够完成上述的向内发性动机的推进并促进运动习惯化的心理过程。

社会支持有各种各样的要素，下面将社会支持的内容细分为 8 个要素进行阐述（图 13.8）。实际运用时，希望大家能够对应各自的情况选择必要的支持内容。

图 13.8　社会支持的 8 个要素

倾听支持：评价你的事务时，不要先提出意见和建议，要先倾听你的观点。
鼓励支持：成为你的同伴，要鼓励你并理解你的情绪。
回顾支持：自己要回顾自身，要感受自己的态度及感情。
承认支持：积极承认你的努力和成果的行为。
任务支持：对你产生积极作用，并帮助你寻找合适的任务和方法的行为。
现状确认支持：站在你的立场上，帮助你正确认识现状并进行合理的展望。
物品支持：提供用以购买用具、服装等的必要费用。
个别支持：为了你的事务特地安排时间，且此人能够提供知识与技能等。

练习题

在括号内填写恰当内容：

1. 运动是身体活动的一部分，是以（　　　）为目的，（　　　）实施的活动。

2. 运动习惯化的阶段模型按“（　　　）以内有无开始运动的意愿”“是否定期实施”及运动持续时间是否达（　　　）以上为标准，划分为（　　　）、（　　　）、（　　　）、（　　　）及维持阶段。

3. 运动习惯形成的社会支持有（　　　）个要素。

第十四章　残疾人的体育运动

本章重点：

※残疾人的生活环境得到改善，他们的体质会伴随着活动范围的扩大而增进。根据日本的现状，应用生活机能构造模型与提高残疾人的生活质量密切相关。

※很多残疾人因运动不足，出现低体质倾向。残疾人的残疾程度越高，就有越多的理由疏远运动，所以改变残疾人这一现状是当前十分迫切的重要课题。

※体育运动的实施能够提高多数残疾人的身体机能，也会对其心理产生良好影响，甚至会培养残疾人的社会性，扩大其行动范围，活跃其日常生活。

残疾人体育运动作为第二次世界大战后康复医学的一部分而得到广泛推广。在日本，通过 1998 年长野冬季残奥会的契机人们开始意识到残疾人参与体育运动的重要性。但是关于残疾人参与体育运动及帮助他们参与运动的方面仍然存在很多问题需要加以解决。本章主要是关于残疾人参与体育运动的现状，并以理解残疾人进行体育运动的必要性为目的。

一、关于残疾与残疾人的知识

残疾带来包括生活上的不便、不自由、利益损害等阻碍，也指个人精神和身体机能持久低下的状态，其概念随时代的变迁而发生变化。

残疾人是有残疾的人，他们的残疾都有所不同。残疾一般分为身体残疾、认知残疾、精神残疾，而大部分身体残疾的人除了肢体残疾之外，还有视觉、听觉及内部器官残疾等多种情况。并且因为肢体残疾是由多种原因造成，所以残疾人的身体缺陷也有很大不同。表 14.1 将身体残疾进行了具体的分类。

表 14.1　身体残疾的种类

1. 肢体残疾 脑出血、其他脑疾病、脑外伤，脊髓损伤、其他脊髓疾病、风湿等骨关节疾病，也包含小儿脑性瘫痪、神经肌肉疾病等
2. 视力残疾
3. 听力残疾
4. 声音、语言、咀嚼、吞咽障碍
5. 内部器官残疾 循环系统疾病，呼吸系统疾病，肠、肾、膀胱疾病

资料来源：伊佐低. 综合复健医学. 2003，31：8. 摘录。

综上所述，身有残疾的人残疾情况很多，但是近年来，患有同级别功能障碍的残疾人的体质随着生活环境的改善、活动范围的扩大而提高。

2001 年，世界卫生组织（WHO）在《国际功能、残疾和健康分类》（ICF）中提倡将残疾人的保健、医疗、福利服务及社会系统和技术的开发方向都参照全体国民的水平（图 14.1）。这个生活机能构造模型，给予了残疾正面的形象，作为背景的个人因素和环境因素对生活机能与残疾产生影响。将这个模型根据日本现状加以应用，以提高残疾人生活质量。

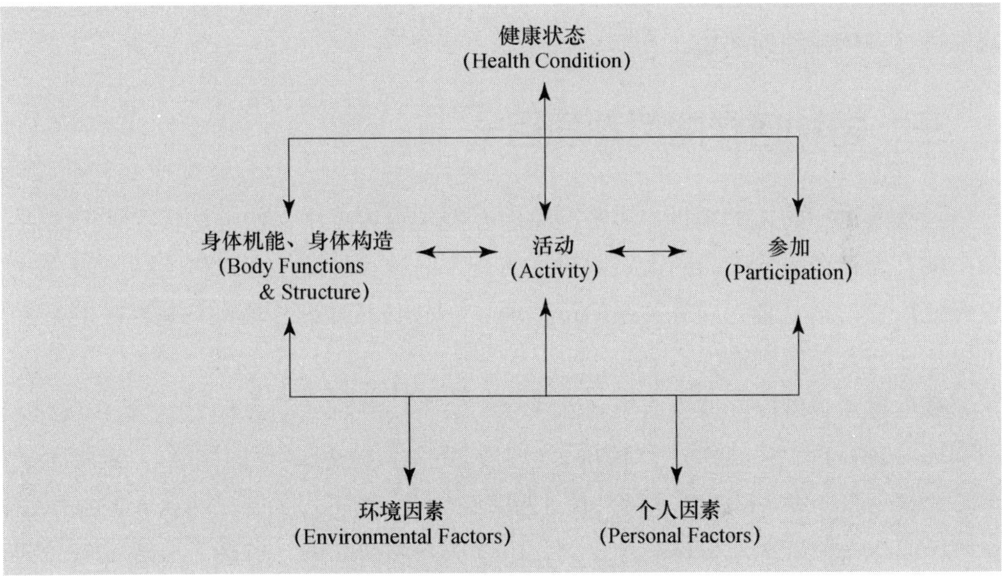

图 14.1　ICF 的生活机能构造模型

截止到 2011 年，日本国内的残疾人数量，包含认知、精神残疾的人的数量约有 650 万，也就是说大约 5%的国民都带着某种残疾而生活着。

二、残疾人参与体育运动的必要性

有残疾的人比没有残疾的人更容易出现运动不足的情况，可以说多数残疾人有体质低下的倾向。成年人每年进行 1 次以上运动的人数比例是 73.4%，而 18 岁以上的身体残疾者在过去一年参加运动及运动会的比例只有 8%。

此外，残疾程度越高，身体疼痛、移动困难、痉挛等使得活动本身变得越困难，同时年龄的增长会引起变形、脱臼等二次残疾。这些问题可能引起骨质疏松症、心肺机能低下、肾功能损害等，所以在生活中残疾人只能远离运动。

但是，残疾人在日常生活中进行运动，不仅能增强体质、提高身体机能，还能培养社会性，并提高生活质量。对于身患残疾的人来说，体现生活质量的人生的三个概念（生活、生存价值、生命）中，最基本的是生命。维持生命，且为了让身体状态更好，参与运动是很重要的。为了改善残疾人的运动现状，有必要为他们创造能够进行身体活动的环境。

三、各种各样的运动项目

残疾人进行的运动项目，多数是将现存的项目根据个人的身体状况进行改造。其中就有为存在视觉障碍的人们而设立的盲人门球和轮椅体育舞蹈，这些项目是以轮椅使用者与站立者为同等关系的运动项目。无论如何，这些项目与是否残疾无关，可以让任何人都感到愉悦。

在世界顶级的国际残疾人奥林匹克运动会中，夏季运动会有 20 个竞技项目，冬季运动会有 5 个竞技项目（译注：分别为 2012 年和 2014 年的数据），共计 25 个正式竞技项目（表 14.2、表 14.3、图 14.2）。另外，日本为了推进残疾人参与社会、让国民深入理解残疾人群体，开办了全国残疾人运动大会，设置了飞盘等 16 个项目的比赛（表 14.4、图 14.3）。除此之外，国内外还有些高人气的体育运动、针对老年人和残疾人的设施而设立的简单有趣的运动游戏项目。

知道了会很有用！

国际残疾人奥林匹克运动会会标

国际残疾人奥林匹克运动会的会标用 3 种颜色（红、蓝、绿）表示世界上的国家，IPC 下方的标志象征 3 个 Agito（在拉丁语中是“活动”的意思）。3 个活动是：①创造让选手自己决定自己行动的环境；②通过运动达成自我；③刺激世界，使之动起来。

IPC

图 14.2 游泳（国际残疾人奥林匹克运动会）

表 14.2 国际残疾人奥林匹克运动会正式竞技项目（夏季运动会，20 个大项）

田径	游泳	轮椅网球	硬地滚球	乒乓球
盲人柔道	帆船	举重	射击	自行车
射箭	马术	盲人门球	轮椅击剑	轮椅篮球
5 人制（盲人）足球	7 人制（脑瘫）足球	轮椅橄榄球	坐式排球	赛艇

表 14.3 国际残疾人奥林匹克运动会正式竞技项目（冬季运动会，5 个大项）

高山滑雪	越野滑雪	冬季两项	雪橇曲棍球	轮椅冰壶

表 14.4 日本全国残疾人运动大会竞技项目

田径	游泳	乒乓球	盲人乒乓球
射箭	飞盘	保龄球	轮椅篮球
智力残疾者篮球	地面垒球	听力残疾者排球	智力残疾者排球
精神疾病患者排球	足球	垒球	脚类棒球

图 14.3 日本全国残疾人运动大会纪念邮票

左：飞盘；右：竞技

2001 年 10 月 26 日发行

设计：兼松史晃（技艺官）

知道了会很有用！

全国残疾人运动大会

全国残疾人运动大会，是统合日本全国身体障碍者运动大会和全国认知障碍者运动大会的赛事，在 2001 年国民体育大会结束后，在同一个举办地举行。

四、残疾人参与运动与持续：现存的问题及今后的研究

如上所述，在这个时代，残疾人可以参与的运动项目逐渐增多，残疾人参与体育运动并不罕见。然而实际上，参与运动的残疾人人数还是非常少的，造成这种情况的原因之一，应该是在发生事故及疾病导致残疾时的应对方式。

当事者（因为某种原因而成了残疾人）在医疗机构接受康复治疗。但是，对于一般的康复治疗，残疾人在入院期间恢复一定程度的体力后就会停止，也就是说，残疾人没有学会如何带着残疾的身体进行运动和发挥力量就回归到日常生活中了。事实上，残疾人在回归日常生活前应进行体育运动的训练，通过体育运动他们真实感受到自身的残疾部位。然后，他们在探索残存机能的同时，必须找出残疾人能做的事情。但是结束康复回家的当事者们，由于没有使用现在的伤残身体进行运动的经验，他们想要参加运动的欲望就更缺失了。

老年人及残疾人机构，应该将运动积极纳入人们日常生活中，但是存在人手不足、日常工作多、机构工作人员有关运动的知识很贫乏、不能频繁前往运动场所，以及没有运动场所等诸多问题。此外，居家的残疾人，同样存在前往运动场所不便、没有同伴、信息获取困难等多种多样的问题。

针对这些现状，相关人员应该联手医疗、运动，甚至教育领域的人士，至少让每个当事者能够知道如何获得并构建自主、稳定的生活，这项任务的实施刻不容缓。

> 知道了会很有用！
>
> **残疾人运动的指导者制度**
>
> 日本残疾人运动协会，是日本公认的制定指导者制度及培养人才的、以普及和发展残疾人运动为目标的研修事业机构。日本能够取得初级运动指导员资格的大学数量也有所增多。

五、运动带来的变化：参加体育运动的实践

这里介绍一些通过运动、体育活动，使身体及心理发生巨大变化的事例。

［事例 1］轮椅体育舞蹈运动员：S 氏

S 氏由于重度脑瘫而引发全身硬直与语言障碍，是一名日常依靠电动轮椅生活的 40 多岁女性。S 氏于 2000 年接触轮椅体育舞蹈，现在依旧在坚持从事这项事业。她每月大约练习 3 次，但是在比赛前两个月开始会进行数倍强度的练习。另外，她在日常生活中也会有意识地进行拉伸训练，还会主动活动身体。

图 14.4 是练习轮椅体育舞蹈前的 S 氏。可以看出该女性的下颚随着重力呈现出下垂的状态，为了保持姿势需要一直用工具支撑头颈部。但是，通过观察图 14.5 中练习轮椅舞蹈 6 年后的 S 氏，我们可以看出她已经不需要工具辅助支撑头颈部，而且她的表情充满了跃动感。同时为了能让她可以使用的右手得到最大限度的活用，操作杆操作方式也从右手操作换成了右脚操作，这使得她能够成功跳舞（图 14.6）。

图 14.4　练习轮椅舞蹈前的 S 氏

图 14.5　超级日本双人舞竞技大会上的 S 氏

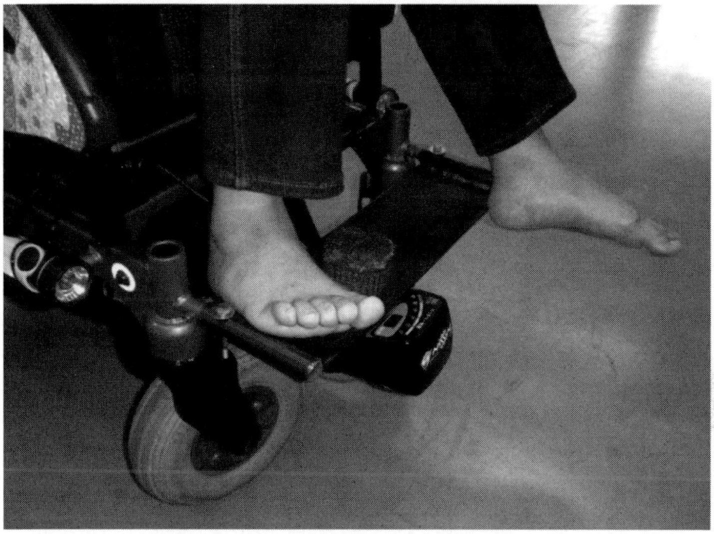

图 14.6　右脚脚趾控制操作杆的样子

除此之外，图 14.7 是 S 氏参加全日本轮椅体育舞蹈冠军资格赛（2009 年）时心率的变化图，在比赛中她的心率发生了变化。她最初心率上升的时间段，是在半决赛时（1～2），决赛时的心率在 3～4 呈现出来。

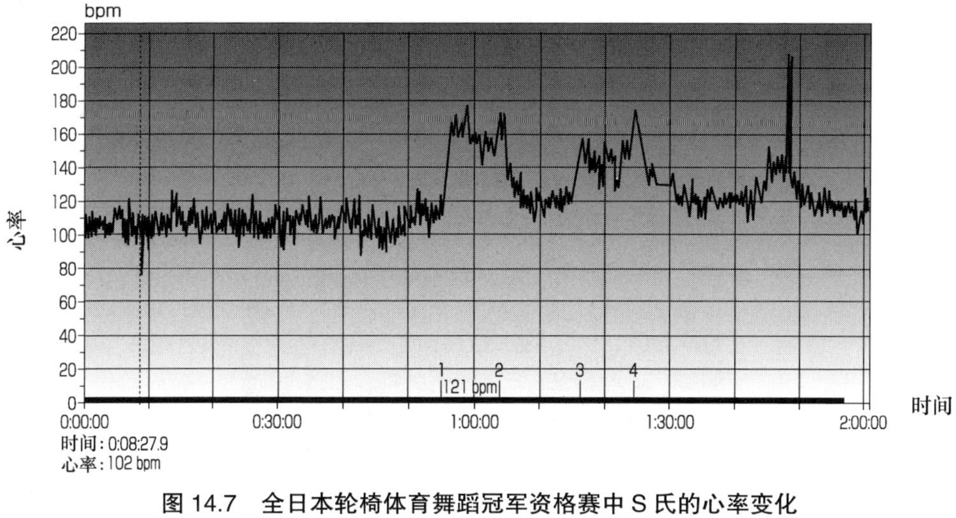

图 14.7　全日本轮椅体育舞蹈冠军资格赛中 S 氏的心率变化

半决赛要连续展示 5 个舞蹈项目，这对参赛选手的体质与专注力提出要求。根据纪录，心率在 170 次/分以上的数值，是非常高的数值。重度残疾人通过运动在一定时间内维持如此高的心率是很困难的，但是参加体育舞蹈比赛让这种情况成为可能。一般而言，人在白天居家时的心率处于 70～90 次/分的范围内，心率变化呈现较小且较为平坦的倾向。

可以说，轮椅体育舞蹈在激发出重度残疾人更多身体表现的同时，持续的舞蹈训练能够维持并增强舞蹈者的体质。另外，为了参加轮椅体育舞蹈比赛而进行训练，丰富了平淡的日常生活，让残疾人为了目标而努力，并主动向积极生活的方向转变。从保持、增强体质及参与社会的角度来看，重度残疾者应该将“运动”作为生活中的关键词之一。

［事例 2］双人篮球选手：M 氏

M 氏大学毕业后就职于橄榄球队。24 岁时由于比赛受伤而开始了轮椅生活。受伤 3 年后，经朋友推荐，他开始了双人篮球运动并一直坚持到现在。M 氏每周练习一次，但是在比赛前的 2 个月开始，他会以两倍的练习量进行训练。至今他的最传成绩是全国大赛第二名。

M 氏曾对残疾产生抵触心理，并感到残疾人运动很有违和感。但是在持续进行运动的过程中，他逐渐摆脱了残疾的困扰，认识了能够交换信息的朋友，也产生了归属感，感觉到自己又多了一个归宿。另外，他从机动车的驾驶室移动到轮椅上的动作也变得熟练，并真切感受到全身耐力比没有进行运动时有所提高。

M 氏即使在轮椅上生活，但接触了双人篮球后再次感受到运动本身的快乐，找到了自己新的归宿并恢复了健康的生活方式（图 14.8、图 14.9）。

图 14.8　双人篮球 1

图 14.9　双人篮球 2

[事例 3] 聚集各种各样人的社团活动：不适应新环境的 T 氏的变化

在这里要给大家介绍的是让残疾者及其家人、大学生以及社会人士都能感受到快乐的舞蹈社团，该社团的活动扩大了残疾者的活动范围，以培养人的社会性及获得健康的身体为目标。

1995 年成立的这个社团，是在残疾儿童的母亲的呼声下建立的。2011 年时参与社团的残疾者有 10 人，与其他参与者加起来共计 35 人。社团活动每月开展一次，在 6 月会进行两天一夜的团建，12 月则会在名古屋室内文化剧场举办现场表演（图 14.10）。参加社团的残疾者一般为重度身心残疾，具体包括视力残疾者、智力残疾者及肢体残疾者、重度脑瘫者、唐氏综合征儿童等。

图 14.10　该社团在现场表演的场景

社团尊重残疾人“想要开心、快乐”“更加想参与、想让大家一起进行活动”的心情，珍惜通过舞蹈让大家互相分享这种心情的机会。社团的活动内容，以大家一起跳舞及分设不同单元自己编创舞蹈为主。舞蹈是依据自身特点自由进行的。这里介绍一个残疾儿童的变化。

初次参加社团的 T 氏，是初中一年级学生。在出生时由于事故而导致重度身体残疾与智力残疾的 T 氏，适应新环境需要花费很长时间，有时还会发出奇怪的声音或身体颤抖，或者不断重复同一个词语。他对于其他人的存在也感到非常焦虑，最初连握手都很讨厌。但是随着参与社团活动次数的增多，听到喜欢的音乐，T 氏会带着愉快的表情进入舞池积极舞动身体。现在的 T 氏，会主动要求指导者播放自己喜欢的音乐。如果看到大家伴随着他喜欢的音乐起舞的场景，T 氏情绪会更高涨，他会带着满足的表情参与舞蹈。T 氏的母亲说：“以前的 T 氏不适应沸腾的人群，参加了这个活动之后他变得能够更快地适应环境了。”另外，T 氏的母亲自身也是如此，她以前只想着为孩子做什么，但现在通过与孩子一起愉快地体验活动，扩展了自己的视野。

这个社团活动通过身体活动而消耗能量，在与他人相互联系的同时发现身体新的可能性并让残疾者感到快乐，这不仅能够维持并增进人的健康，同时也是丰富人的生活不能缺少的活动。

六、老年人、残疾人设施中使人感到快乐的运动项目的介绍

接下来介绍一下在实践和志愿活动中有用的几个运动项目。从残疾儿童到老年残疾者，了解能让残疾人感到快乐并增强体质的体育运动，通过实践等能够更加深入地了解残疾人运动。

（一）气排球（Ballon Volleyball）

这个运动项目是在羽毛球场内使用内置铃铛的橡胶气球（直径为 40cm），一队

6 名成员触碰气球之后，需在 10 次以内完成本方与对方赛场的往返球运动。规则（游戏技巧）与排球相近。

该项目将残疾人士与正常人安排在同一小组进行比赛（图 14.11）。先得 15 分或在规定的时间内获得更高分数的小组获胜。1990 年日本举办了第一届全国气排球大赛，之后每年都会举办。

图 14.11　气排球

资料来源：日本气排球协会。

（二）硬地滚球（Boccia）

这是一项专为重度脑瘫人士或者是同等程度的肢体残疾人士而设计的运动项目，是残奥会的正式比赛项目。这个项目是在 12.5×6 米的比赛场地上进行，瞄准目标球后，每队（个人）各投出 6 个红、蓝球，是一项追求无限接近目标球的竞技项目。如果残疾人由于残疾不能投球，可以使用辅助工具，只要能将自己的意思传达给辅助人员就能够参加这项运动。硬地滚球作为任何人都能够感受到快乐的运动项目而得到了普及（图 14.12）。

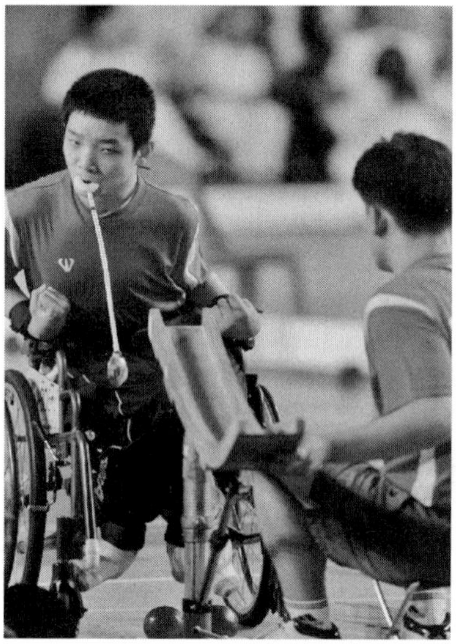

图 14.12　硬地滚球

（三）乒乓排球

用乒乓球台的网隔开两队，一队有 6 名队员坐在椅子（轮椅）上传球，向对方场地进行 3 次以内往返的运动项目。项目规则以 6 人制排球为参考（图 14.13）。重度身体残疾者及视觉、听觉、智力残疾者都能够参加此项运动。

（a）

（b）

（a）12 名人员围绕乒乓球台进行竞技；（b）用脚也可以操作球拍。

资料来源：社会福祉法人——太阳之家。

图 14.13　乒乓排球

练习题

在括号内填入恰当内容或判断正误：

1. ICF 的（　　　）模型，给予了残疾（　　　）的形象。应用这一模型，能提高残疾人的（　　　）。

2. 有残疾的人更容易出现（　　　）的倾向。残疾程度越重，运动越困难，同时（　　　）的增长会引起（　　　）。

3. 体育运动是残疾人增强（　　　）、提高（　　　）、培养（　　　）的一种良好的方法。

4. 身体残疾中包含的内部器官残疾是骨关节疾病、吞咽障碍。（　　　）

5. 残疾人的运动支援需要运动、医疗、教育领域人士的合作。（　　　）

参考资料

第一章

American College of Sports Medicine position stand, Quantity and quality of exercise for developing and maintaining cardiorespiratory, musculoskeletal, and neuromotor fitness in apparently healthy adults: guidance for prescribing exercise, *Med. Sci. Sports Exerc.*, **43**, 7, 1334(2011).

第三章

身体活動と生活習慣病—運動生理学と生活習慣病予防・治療最新の研究, 日本臨床, **58**, 増刊 (2000).

メタボリックシンドローム診断基準検討委員会, メタボリックシンドロームの定義と診断基準, 日本内科学会雑誌, **94**, 794 (2005).

第七章

足立　稔ほか, 小学生の日常生活における身体活動量の評価：二重標識水法と加速度計法による検討, 体力科学, **56**, 347 (2007).

冨樫健二ほか, 小児におけるメタボリックシンドロームへの介入：運動療法からのアプローチ, 小児科診療, **73**, 297 (2010).

第十二章

International Society of Sport Psychology, Physical activity and Psychological benefit, A position statement, *The Sport Psychologist*, **6**, 167 (1992).

W. J. Chodzko-Zaiko Ed., The world health organization issue guidelines for promoting physical activity among older person, *Journal of Aging and Physical Activity*, **5**, 1 (1997).

R. J. Sonstroem, L. L. Harlow, L. Josephs, Exercise and self-esteem: Validity of model expansion and exercise associations, *Journal of Sport and Exercise Psychology*, **16**, 24 (1994).

B. C. Long, A cognitive perspective on the stress-reducing effects of physical exercise. In P. Seraganian, Ed,. "Exercise Psychology", John Wiley & Sons, Inc. (1993), p. 339—357.

G. B. Berger, D. Paragman, R. S. Weinberg, "Foundations of Exercise Psychology (2nd Ed.)", Fitness Information Technology(2007), p. 321—326.

高見和至, 石井源信, 体調改善による精神的健康向上の可能性—快食・快眠・快便を媒介要因とした精神的健康モデルの検討—, 体力・栄養・免疫学雑誌, 13, 3, 166 (2004).

第十三章

G. B. Berger, D. Paragman, R. S. Weinberg, "Foundations of Exercise Psychology (2nd Ed.)", Fitness Information Technology (2007).

R. S. Weinberg, D. Goul, "Foundations of Sport and Exercise Psychology". Human Kinetics (2007).